LE GRAND SIÈCLE

LA BRUYÈRE

PAR

Mgr RICARD

Prélat de la Maison de Sa Sainteté

Professeur honoraire des Facultés d'Aix et de Marseille

LYON
Emmanuel VITTE
LIBRAIRE-ÉDITEUR
3 et 5, place Bellecour

PARIS
Jules VIC & AMAT
ÉDITEURS
11, rue Cassette

1892
*

LE GRAND SIECLE

LA BRUYÈRE

LE GRAND SIÈCLE

LA BRUYÈRE

PAR

Mgr RICARD

Prélat de la Maison de Sa Sainteté
Professeur honoraire des Facultés d'Aix et de Marseille

LYON

LIBRAIRIE GÉNÉRALE CATHOLIQUE ET CLASSIQUE

EMMANUEL VITTE, DIRECTEUR

Imprimeur de l'Archevêché et des Facultés catholiques de Lyon

3, place Bellecour, et rue Condé, 30

1892

CHAPITRE PREMIER

PREMIÈRES FORMATIONS D'UN GRAND ESPRIT

Sommaire — Je descends en ligne directe des croisades. — La boutique des aïeux de la rue Saint-Denys. — Le sire Safranier de la Ligue. — Les consolations de l'exil. — Bourgeois de Paris. — La Famille. — Près de la Sainte-Chapelle — Aux champs et à Paris. — Point d'écoles sans Dieu. — Le portrait des contemporains. — Le crayon de l'intéressé. — Cinq langues. — La Bruyère et les oratoriens. — Les domiciles de sa jeunesse. — L'oncle Jean et sa bibliothèque. — Amour de la famille. — Prédilection de l'aîné pour le frère Louis. — Un oncle à héritage. — Ce qu'il fait souffrir autour de lui. — Une légalité injuste. — Cri du cœur. — L'oncle Jean déshérite sa belle-sœur. — La lecture d'un testament.

I

JE le déclare nettement afin que l'on s'y prépare et que personne un jour n'en soit surpris : s'il arrive jamais que quelque grand me trouve digne de ses soins, si je fais enfin une belle fortune, il y a un Geoffroy de la Bruyère, que toutes les chroniques rangent au nombre des plus grands seigneurs de France qui suivirent Godefroy de Bouillon à la conquête de la Terre Sainte, voilà alors de qui je descends en ligne directe (1).

Cet *alors* ironique trahit l'élévation du moraliste qui, en un siècle où la noblesse était tout dans l'opinion et dans le pays, trouve, dans la conscience de sa valeur personnelle, assez de courage pour railler la manie de tant de ses contemporains, s'attribuant des généalogies de rencontre, dès qu'ils avaient conquis une situation tant soit peu au-dessus du vulgaire.

Il y avait en effet beaucoup de la Bruyère en France, comme il y a encore beaucoup de du Bois, de du Pré, de des Champs, de du Mont, de du Val, etc. Seulement, aujourd'hui, ils écrivent plus volontiers leur nom en un seul mot, tandis que, au temps où la particule nobiliaire conférait des privilèges, pour un rien, les porteurs de ces noms roturiers à l'origine les transformaient en titre de noblesse.

(1) *De quelques usages*, n° 14.

Par état, les la Bruyère ne confinaient guère avec la caste tant estimée. Ils exerçaient la profession de droguiste, épicier, parfumeur et apothicaire, et leur boutique de la rue Saint-Denys, devant le Grand Châtelet, au XVIe siècle, était bien achalandée. Les épices coûtaient cher, il fallait les faire venir de loin, comme les parfums qui arrivaient d'Orient, et ce genre de commerce exigeait une grosse avance, à telles enseignes que les ancêtres de notre héros conquirent une assez grande situation dans la bourgeoisie de Paris.

En 1576, ils furent de ceux qui fondèrent la sainte Union à Paris, en haine des huguenots, et pour empêcher les Bourbons hérétiques de monter sur le trône.

Jehan de la Bruyère montra tant de zèle que les Ligueurs l'honorèrent de leur confiance, on le fit membre du fameux concile des Seize. Les partisans du roi Henri de Navarre essayèrent de le tourner en ridicule. Par allusion à son métier de droguiste, ils l'avaient surnommé « le sire Safranier de la Ligue ». La satire Ménippée en a gardé le souvenir.

De ces temps troublés les la Bruyère sorti-

rent à peu près ruinés, ayant subi la confisca-
tion de leurs biens, et condamnés à l'exil
pour n'avoir pas voulu prêter serment au bon
roi Henri, même quand le Béarnais eut mis
fin aux prétentions de la Ligue en abjurant
l'hérésie pour redevenir catholique et ceindre
la couronne de France. Le fils du sire Safranier, Mathias, trisaïeul de notre moraliste,
s'en consola, en composant le *Rosaire de la
Bienheureuse Vierge Marie.*

Rentrés en France, les fils du ligueur se
refusèrent à prendre part à la Fronde. La ligue
était une entreprise catholique et religieuse,
la Fronde fut une émeute beaucoup plus aris-
tocratique que populaire. Or, nos bourgeois,
fiers de leur valeur personnelle, se refusèrent
à servir de dupes aux revendications de la
caste, abaissée par le ministre de leur goût, le
grand cardinal Richelieu. Mazarin ne leur
plaisait pas, ils ne lui demandèrent qu'une
faveur, celle de n'en recevoir aucune de lui.
Parisiens de naissance et de cœur, ils dédai-
gnaient la noblesse de province, comme le
rappelle l'héritier de leur nom et de leur fierté
plébéienne, quand il écrivait : « Il suffit de

n'être point né dans une ville, mais sous une chaumière dans la campagne, ou sous une ruine qui trempe dans un marécage et qu'on appelle château, pour être cru noble sur parole » (1).

Le petit-fils de Mathias, Louis de la Bruyère n'était pas riche, quand il épousa Elisabeth Hamonyn, dotée péniblement d'une somme de 6.000 francs par une mère veuve. Par bonheur, au foyer chrétien des deux jeunes époux et pour les aider à nourrir leurs huit enfants, vint s'asseoir Jean de la Bruyère, qui fut secrétaire du roi et, ce qui vaut mieux pour son illustration historique, donna son prénom au grand écrivain, dont il fut le parrain et le protecteur.

L'enfant était l'aîné de la famille.

II

Il naquit en 1645 et fut baptisé le 17 août à la paroisse de Saint-Christophe.

C'était aux environs de la Sainte-Chapelle

(1) *Caractères*, chap. xiv, n° 6.

et presque à l'ombre des tours de Notre-Dame. Ses yeux, en s'ouvrant, considéraient ces merveilles d'une architecture alors réputée barbare (1), et ses oreilles gardèrent toujours le tintement des cloches voisines. S'en souvenait-il, lorsqu'il parlait, avec une pointe de malice qui rappelle les méchancetés de Boileau dans le *Lutrin*, du « bruit des cloches qui éveille les chantres et les enfants de chœur », et sans doute aussi d'autres enfants dans le voisinage, « pendant la nuit, et dont la mélodie endort les chanoines et les berce de doux rêves jusqu'à ce que, tard dans la matinée, ils viennent à l'église réclamer le prix d'avoir bien dormi » (2).

(1) Hélas ! la Bruyère a partagé, sur ce point, l'aveuglement inexplicable de ses contemporains. N'a-t-il pas écrit, dans les *Ouvrages de l'Esprit* : « On a dû faire du style ce qu'on a fait de l'architecture. On a entièrement abandonné l'ordre gothique, que la barbarie avait introduit, pour les palais et pour les temples ; on a appelé l'ionique, le donique et le corinthien. Ce qu'on ne voyait plus que dans les ruines de l'ancienne Rome et de la vieille Grèce, devenu moderne, éclate dans nos portiques et dans nos péristyles. De même on ne saurait en écrivant rencontrer le parfait, et, s'il se peut, surpasser les anciens que par leur imitation (n° 15).

(2) Chap. xiv, n° 16.

En 1650, l'enfant avait cinq ans, les époux la Bruyère avec le parrain déménagèrent et, quittant la cité, s'en allèrent loger sur la paroisse Saint-Merry, et, deux ans plus tard, dans la rue Grenier-Saint-Lazare, où le père et l'oncle de notre moraliste devaient mourir.

On ne l'a point établi encore, mais, nous aimons à croire, avec son dernier éditeur, M. Servois (1), que le petit Jean de la Bruyère a vécu à la campagne, pendant ses premières années. Il lui est resté dans l'œil quelque verdure des champs et, en un siècle où les descriptions avec le sentiment des choses de la nature font défaut, il trouve des traits charmants où nous retrouvons, quoique sans fondements acquis à l'histoire, des souvenirs de première enfance. N'y a-t-il pas un coin ému de ses premières impressions dans cette jolie description (2) :

(1) M. Servois a publié, dans la belle collection des *Grands écrivains de la France*, éditée par la maison Hachette, les *Œuvres complètes de La Bruyère*, avec ce luxe d'érudition et de conscience qui a rendu cette collection si justement renommée.

(2) Chap. xiv, n° 26.

« J'approche d'une petite ville, et je suis déjà sur une hauteur d'où je la découvre. Elle est située à mi-côte : une rivière baigne ses murs, et coule ensuite dans une belle prairie ; elle a une forêt épaisse qui la couvre des vents froids et de l'aquilon. Je la vois dans un jour si favorable que je compte ses tours et ses clochers ; elle me paraît peinte sur le penchant de la colline. Je me récrie, et je dis : « Quel plaisir de vivre sous un si beau ciel et dans ce séjour si délicieux ! »

Vite cependant le Parisien reprend le dessus A Paris on vit plus libre, à l'abri des petites misères de la vie de province. La Bruyère a gardé rancune aux cancans de la petite ville, qu'il admirait de loin.

« Il y a une chose que l'on n'a point vue sous le ciel, et que selon toutes les apparences on ne verra jamais : c'est une petite ville qui n'est divisée en aucuns partis ; où les familles sont unies, et où les cousins se voient avec confiance ; où un mariage n'engendre point une guerre civile ; où la querelle des rangs ne se réveille pas à tous moments par l'offrande, l'encens et le pain bénit, par les processions

et les obsèques ; d'où l'on a banni les caquets,
le mensonge et la médisance, où l'on voit parler ensemble le bailli et le président, les élus
et les assesseurs... » (1).

III

A cette époque, on n'avait point encore in-
venté les écoles sans Dieu. Tout bon Français,
au Grand Siècle, regardait comme un axiome
que, puisqu'une société est impossible sans religion, chaque membre de cette société devait
être élevé à l'ombre de cette religion sainte,
hors de laquelle il n'y a point de salut social
pas plus d'ailleurs que de salut individuel.

Le petit Jean de la Bruyère apprit à prier,
à connaître et à aimer Dieu, sur les genoux de
ses premiers éducateurs.

Cet esprit, un peu sceptique par tempérament, garda de son éducation religieuse une
empreinte ineffaçable. Quand on touchait à
ces choses-là, il redevenait grave, et, si l'ad-
versaire insistait, il trouvait le mot incisif pour

(1) Chap. XIV, n° 14.

le clouer à sa place de libre-penseur ou, comme on disait énergiquement alors, de libertin.

— Je sais qu'il y a un Dieu, s'écriait-il (1), je ne sens pas qu'il n'y en ait point. Cela suffit. Tout le raisonnement du monde m'est inutile. Je conclus que Dieu existe. Cette conclusion est dans ma nature ; j'en ai reçu les principes trop aisément dans mon enfance, et je les ai conservés depuis trop naturellement, dans un âge plus avancé, pour les soupçonner de fausseté.

— Mais, objectait un interlocuteur, il y a des esprits qui se défont de ces principes!

Il répliquait aussitôt gravement :

— C'est une grande question, s'il s'en est trouvé de tels, et quand il en serait ainsi, cela prouverait qu'il y a des monstres.

A ce cri d'énergique et sainte colère, qui ne reconnaîtrait l'accent des premières émotions religieuses d'une âme?

J'aime à me représenter le pieux enfant, un peu sévère, avec un sourire cependant qui

(1) Chap. xvi, n° 15.

plisse le coin de sa lèvre, tel que nous le peindront plus tard les contemporains.

D'Olivet l'a esquissé de pied en cap.

« On me l'a dépeint, dit-il, comme un philosophe qui ne songeait qu'à vivre tranquille avec des amis et des livres, faisant un bon choix des uns et des autres; ne cherchant ni ne fuyant le plaisir; toujours disposé à une joie modeste, et ingénieux à la faire naître; poli dans ses manières et sage dans ses discours, craignant toute sorte d'ambition, même celle de montrer de l'esprit (1). »

Saint-Simon, la mauvaise langue du Grand Siècle, cette fois, désarme :

« C'était, dit-il, un fort honnête homme, de très bonne compagnie, simple, sans rien de pédant et fort désintéressé. Je l'avais assez connu pour le regretter (2). »

Ménage, une autre mauvaise langue, moins fine cependant, ajoute un trait :

« Il n'y a pas longtemps, écrit-il (3), que M. de la Bruyère m'a fait l'honneur de me

---

(1) *Histoire de l'Académie*, t. II, p. 317.
(2) *Mémoires*, édit. de 1879.
(3) *Menagiana*, t. III.

venir voir ; mais je ne l'ai pas vu assez de temps pour le bien connaître. Il m'a paru que ce n'était pas un grand parleur. »

Mais, nous avons mieux à citer que d'Olivet, Saint-Simon ou Ménage, pour revoir la physionomie douce et bonne de notre futur moraliste. N'est-ce pas d'un crayon sûr et fidèle qu'il a tracé de lui-même ce portrait (1) :

« O homme important et chargé d'affaires, qui à votre tour avez besoin de mes offices, venez dans la solitude de mon cabinet : le philosophe est accessible ; je ne vous remettrai point à un autre jour. Vous me trouverez sur les livres de Platon qui traitent de la spiritualité de l'âme et de sa distinction d'avec le corps, ou la plume à la main pour calculer les distances de Saturne et de Jupiter : j'admire Dieu dans ses ouvrages, et je cherche, par la connaissance de la vérité, à régler mon esprit et devenir meilleur. Entrez, toutes les portes vous sont ouvertes ; mon antichambre n'est pas faite pour s'y ennuyer en attendant ; passez jusqu'à moi sans me faire avertir. Vous

(1) Chap. VI, n° 12.

m'apportez quelque chose de plus précieux que l'argent et l'or, si c'est une occasion de vous obliger. Parlez, que voulez-vous que je fasse pour vous ? Faut-il quitter mes livres, mes études, mon ouvrage, cette ligne qui est commencée ? Quelle interruption heureuse pour moi que celle qui vous est utile ! Le manieur d'argent, l'homme d'affaires est un ours qu'on ne saurait apprivoiser ; on ne le voit dans sa loge qu'avec peine : que dis-je ? on ne le voit point ; car d'abord on ne le voit pas encore, et bientôt on ne le voit plus. L'homme de lettres, au contraire, est trivial comme une borne au coin des places ; il est vu de tous, et à toute heure, et en tous états, à table, au lit, nu, habillé, sain ou malade ; il ne peut être important, et il ne le veut point être (1). »

(1) L'ancien chartreux, dom Bonaventure d'Argonne, sous le pseudonyme de Vigneul-Marville, a commenté ce caractère : « Rien n'est si franc, dit-il, que ce caractère ; mais aussi faut-il avouer que, sans supposer d'antichambre ni de cabinet, on avait une grande commodité pour s'introduire soi-même auprès de M. de la Bruyère avant qu'il eût un appartement à l'hôtel de... (Condé). Il n'y avait qu'une porte à ouvrir, et qu'une chambre, proche du ciel, séparée

IV

Avec la religion, les éducateurs de Jean de la Bruyère s'appliquèrent à lui enseigner les langues, autant qu'ils purent lui en apprendre, tant vivantes que mortes.

On lui en montra cinq : le latin, le grec, l'allemand, l'espagnol, l'italien.

Le latin et le grec seront toujours la meilleure gymnastique de l'esprit français. Les novateurs essaient de le contester. C'est une visée révolutionnaire que le génie de la France écartera sans doute, avec son rare bon sens

en deux par une légère tapisserie. Le vent, toujours bon serviteur des philosophes, courant au-devant de ceux qui arrivaient, et retournant avec le mouvement de la porte, levait adroitement la tapisserie, et laissait voir le philosophe, le visage riant, et bien content d'avoir occasion de distiller dans l'esprit et le cœur des survenants l'élixir de ses méditations. »

Sur quoi, M. J. Labbé observe finement que « Voltaire, qui adressait à Dieu cette prière : « Mon Dieu ! « préservez-moi de mes amis ; quant à mes ennemis, je « m'en charge », se fût chargé volontiers de Bonaventure, qui savait si bien, en dix lignes, faire l'éloge des gens qu'il voulait décrier. »

qui dissipe les sophismes et chasse les so-
phistes.

Quant aux langues vivantes, il faut les
apprendre de bonne heure. C'est la Bruyère
lui-même qui le dit (1).

« Si l'on remet cette étude si pénible à un
âge plus avancé, et qu'on appelle la jeunesse,
ou l'on n'a pas la force de l'embrasser par
choix, ou l'on n'a pas celle d'y persévérer;
et si l'on y persévère, c'est consacrer à l'étude
des langues le même temps qui est consacré à
l'usage que l'on en doit faire. »

C'est donc une erreur de renvoyer à plus
tard ce que la mémoire neuve et calme des
enfants fixe avec une facilité que l'on ne re-
trouve plus dans la suite.

— Je suis persuadé, ajoutait l'élève devenu
philosophe, que le petit nombre d'habiles ou
le grand nombre de gens superficiels vient de
l'oubli de cette pratique.

Aussi savait-il un gré infini aux hommes
qui avaient gouverné son enfance de lui avoir
appris les langues, qui sont la clef des scien-

(1) Chap. xiv, n° 71.

ces (1), et de lui avoir ainsi ouvert de si beaux horizons. Mais, quels étaient ces hommes ?

La Bruyère ne l'a jamais dit. Ses biographes n'ont rien trouvé de précis à cet égard. M. Allaire nous semble le mieux avoir élucidé la question, et, tout en avertissant le lecteur que l'Oratoire ne mérita pas toujours les éloges qui vont suivre, nous lui empruntons volontiers cette occasion de rendre un hommage à la famille des Bérulle et des Condren.

« Les oratoriens, dit M. Allaire (2), le réclamaient comme un des leurs : des mémoires particuliers, que l'on conservait dans leur bibliothèque, marquaient qu'il avait été de l'Oratoire. On possède encore les listes des prêtres de l'Oratoire et de tous ceux qui furent admis aux exercices de piété de la maison de Paris ; ainsi on trouve le nom de Jean de la Fontaine parmi les jeunes gens du séminaire de Saint-Magloire ; mais on ne trouve nulle part le nom de Jean de la

(1) « Les langues, a dit La Bruyère, sont la clef ou l'entrée des sciences et rien davantage : le mépris des unes tombe sur les autres. » (Chap. XII, n° 19.)

(2) *La Bruyère dans la maison de Condé*, t. I, p. 6.

Bruyère. Il est possible que la Bruyère fût simplement élève dans une maison de l'Oratoire ; car les listes que nous avons ne donnent pas les noms des élèves. On peut donc accorder aux oratoriens l'honneur d'avoir fait l'éducation de la Bruyère. Du moins jusqu'ici personne n'a pu le leur disputer. C'est pour cela peut-être que certains écrivains ont cru que la Bruyère avait été quelque temps ecclésiastique. En effet, chez les oratoriens, on respirait, selon Bossuet (1), l'air le plus pur de la discipline cléricale. M. de Bérulle n'avait voulu donner à l'Oratoire d'autre esprit que l'esprit de l'Eglise, ni d'autres règles que ses canons, ni d'autres supérieurs que ses évêques, ni d'autres biens que sa charité, ni d'autres vœux que ceux du baptême et du sacerdoce. L'Oratoire avait pour but la perfection chrétienne et sacerdotale. L'éducation que les oratoriens donnaient aux enfants devait les préparer à cette profession sublime où une sainte liberté fait un saint engagement, où l'on obéit sans dépendre, où l'on gouverne

(1) *Oraison funèbre du P. Bourgoing.*

sans commander, où toute l'autorité est dans la douceur, et le respect s'entretient sans le secours de la crainte. « La charité, qui bannit « la crainte, fait, dit Bossuet, un si grand mi- « racle; et, sans autre secours qu'elle-même, « elle sait non seulement captiver, mais encore « anéantir la volonté propre. » Assurément, la charité des oratoriens ne fit point ce miracle dans l'âme de la Bruyère. La manière dont il s'est conduit pendant le reste de sa vie prouve qu'il n'était guère capable de s'élever à une si haute perfection. On pouvait captiver son attention; mais il fut toujours difficile d'anéantir sa volonté propre. »

V

On vivait largement, à l'origine, dans la famille de notre futur moraliste, qui ne connut que plus tard la gêne et les privations, aux-quelles sa nature délicate devait être si sen-sible.

Il eut, au moins pendant quatre années, ses gens, son carrosse et ses chevaux, dont il partageait la dépense avec son frère Louis, de quatre ans plus jeune que lui.

A l'aide des comptes trésoraires de la famille, nous reconstituons l'appartement du jeune élève de l'Oratoire, au sortir du collège. La chambre est carrelée à neuf; elle est ornée d'une belle pièce de tapisserie de Flandre à verdure, qu'il avait achetée 1,400 livres à la vente des meubles de son oncle.

La mère, fort indulgente d'ailleurs, ne brille point par l'esprit d'ordre et d'économie. On changeait souvent de domicile aussi. Les patients chercheurs ont suivi cette série de déménagements, qui conduisait les la Bruyère de la rue Grenier-Saint-Lazare à la rue Chapon, de la rue des Grands-Augustins à la rue des Fontaines, tout près de Saint-Martin-des-Champs, puis à la rue des Charités-Saint-Denis, et enfin à la rue de Berry.

Quand le père mourut, en 1666, l'oncle Jean, secrétaire du Roi, grand dépensier aussi, devint le chef de la famille.

Un manieur d'argent, cet oncle Jean! Le neveu, s'il lui doit quelque chose, ne lui devra du moins pas du tout son amour pour les livres. La bibliothèque du tuteur comptait en effet au total vingt-cinq volumes, parmi lesquels, en majorité, des romans ou « histoires passées. »

Il mourut le 27 décembre 1671, déshéritant sa belle-sœur, laquelle ne semble pas avoir beaucoup influé sur la vocation littéraire de son aîné. Sa bibliothèque se composait, d'après les inventaires, de « douze vieux volumes reliés en parchemin ». Le notaire a oublié de nous en conserver les titres.

Jean aima beaucoup sa mère.

Il aimait aussi de prédilection son frère Louis. A toute occasion, il s'efface derrière ce frère chéri. Pour Louis, il n'y a jamais rien d'assez bien. Ainsi, le cadet étant absent, au moment où se fit la vente des objets mobiliers de l'oncle Jean, l'aîné laissa partir le cocher, vendre chevaux et carrosse. Mais, lorsque, quatre mois après, Louis revint prendre sa place au logis, aussitôt Jean rappelle le cocher, remplace le carrosse vendu par un beau carrosse tout flambant neuf, et un bel attelage fringant entre à l'écurie qu'avaient quittée les vieux chevaux du tuteur.

C'était, au reste, un personnage un peu vaniteux et léger que ce cadet de philosophe. Du moins, dit M. Servois, la mobilité était-elle l'un des traits de son caractère : il est successivement contrôleur général des rentes de la ville, simple bourgeois de Paris, avocat au Parlement, premier huissier au Parlement, et enfin receveur et payeur des rentes sur le clergé.

L'oncle Jean mort, le calme et la joie dans l'union du foyer natal semblent rentrer au logis. On a dû trembler souvent devant le tuteur, qui menaçait peut-être souvent de déshériter les braves gens, chez qui il était venu chercher un domicile et une domination un peu impérieuse.

Notre jeune moraliste en a gardé rancune. Il la laisse transparaître dans ce ressouvenir de ces quatre années de contrainte morale au sein de la famille. « Le caractère de celui qui veut hériter de quelqu'un rentre dans celui du complaisant ; nous ne sommes point mieux flattés, mieux obéis, plus suivis, plus entourés, plus cultivés, plus ménagés, plus caressés de personne pendant notre vie, que de celui qui croit gagner à notre mort et qui désire qu'elle arrive » (1).

Or, l'oncle Jean, de plus en plus bizarre et difficile, devenait tout à fait gênant. « L'on étudiait son faible, son humeur ses caprices ; l'on s'y accommodait, l'on évitait de le·heurter ; tout le monde lui cédait ; la moindre sérénité qui paraissait sur son visage, lui attirait des éloges, on lui tenait compte de n'être pas tout à fait insupportable » (2).

Hélas ! le tuteur capricieux avait eu toute sa vie la passion de faire des contrats. En vieillissant, il prit celle de faire des testaments.

« Il y a des hommes, dira plus tard le neveu dépité, dont on peut dire que la mort fixe moins la dernière volonté qu'elle ne leur ôte, avec la vie, l'irrésolution et l'inquiétude. Un dépit, pendant qu'ils vivent, les fait tester ; ils s'apaisent et déchirent leur minute, la voilà en cendre. Ils n'ont pas moins de testaments dans leur cassette que d'almanachs sur leur table ; ils les comptent par les années : un

(1) Chap. vi, n° 69.
(2) Chap. v, n° 41.

second se trouve détruit par un troisième, qui est anéanti lui-même par un autre mieux digéré et celui-ci encore par un cinquième *olographe*. Mais, si le moment, ou la malice, ou l'autorité manque à celui qui a intérêt de le supprimer; il faut qu'il essuie les clauses et les conditions: car *appert-il* mieux des dispositions des hommes les plus inconstants que par un dernier acte, signé de leur main, et après lequel ils n'ont pas moins eu le loisir de vouloir tout le contraire » (1)?

Cette ironie blessée ressuscite un souvenir, resté cuisant dans le cœur du fils aîné de la pauvre déshéritée. Celle-ci du moins en retira ce profit qu'elle devint tout à coup aussi soigneuse et attentive aux intérêts de la famille qu'elle avait paru auparavant s'en occuper moins, sans doute parce qu'elle s'effaçait généreusement devant l'autorité de son mari et plus tard devant son beau-frère. Mais, cet avantage fut acheté trop cher, pour que Jean n'en ait pas gardé rancune à ce dernier.

Dans ses derniers jours, l'oncle tuteur avait

(1) Chap. XIV, n° 57.

fait un testament, où il donnait à sa belle-sœur une petite rente viagère de 400 francs « en souvenir des bons et agréables services qu'elle lui avait rendus » (1).

On l'avait supporté dans ses manies et ses caprices de vieux despote.

Il n'y a que ceux qui ont eu de vieux collatéraux, ou qui en ont encore, et dont il s'agit d'hériter, qui puissent dire ce qu'il en coûte (2).

Bien plus, l'oncle Jean, prêteur à intérêt, s'était souvent servi des siens pour fabriquer ses contrats en leur nom. Il devait réparer, vis-à-vis de sa belle-sœur, une injustice commise envers la veuve, à qui son mari n'avait rien pu laisser en mourant. Qui pouvait s'imaginer qu'en révoquant cet humble legs, l'oncle voudrait laisser mourir de faim une femme qui lui avait rendu de si bons et agréables services ?

C'était un droit strict, répondent les légistes barbares.

Cette inhumanité de la loi révolte notre

(1) Cfr. SERVOIS. *Notice sur la Bruyère*, p. XXXII.
(2) Chap. V, n° 42.

moraliste. Elle lui inspire cette tirade éloquente, qui pourra faire sourire un jurisconsulte féru de textes, mais les cœurs honnêtes lui feront écho, au Grand Siècle et toujours, jusqu'à ce que le législateur ait trouvé moyen de s'opposer à cette injustice légale :

« La loi qui défend de tuer un homme n'embrasse-t-elle pas dans cette défense le fer, le poison, le feu, l'eau, les embûches, la force ouverte, tous les moyens qui peuvent enfin servir à l'homicide ? La loi qui ôte aux maris et aux femmes le pouvoir de se donner réciproquement n'a-t-elle connu que les voies directes et immédiates de donner ? a-t-elle manqué de prévoir les indirectes ? a-t-elle introduit les fidéicommis, ou si même elle les tolère ? Avec une femme qui nous est chère et qui nous survit, lègue-t-on son bien à un ami fidèle par un sentiment de reconnaissance pour lui, ou plutôt par une extrême confiance et par la certitude du bon usage qu'il saura faire de ce qu'on lui lègue ? Donne-t-on à celui que l'on peut soupçonner de ne devoir pas rendre à la personne à qui en effet l'on veut donner ? faut-il se parler, faut-il s'écrire, est-il besoin de pacte ou de serments pour former cette collusion ? Les hommes ne sentent-ils pas en cette rencontre ce qu'ils peuvent espérer les uns des autres ? Et si au contraire la propriété d'un tel bien est dévolue au fidéicommissaire, pourquoi perd-il sa réputation à le retenir ? sur quoi fonde-t-on la satire et les vaudevilles ? Voudrait-on le comparer au dépositaire qui trahit le dépôt, à un domestique qui vole l'argent que son maître lui envoie porter ? On aurait tort : y a-t-il de l'infamie à ne pas faire une libéralité, et à conserver pour soi ce qui est à soi ? Etrange embarras, horrible poids que le fidéicommis ? Si, par la révérence des lois, on se l'approprie, il ne faut plus passer pour un homme de bien ; si, par le respect d'un ami mort, l'on suit ses intentions en le rendant à sa veuve, on est confidentiaire, on blesse la loi. Elle cadre donc bien mal avec l'opinion des hommes. Cela peut être et il ne me convient pas de dire ici : La loi pèche, ni : Les hommes se trompent » (1).

C'est de cette inhumanité que l'oncle Jean,

____

(1) Chap. xiv, n° 60.

dans un moment d'humeur qui fut, hélas! le bon aux yeux de la loi, se rendit coupable. Quatre jours après avoir légué la petite rente de 400 livres, il appelait de nouveau le notaire, signait la révocation du legs, et mourait.

Le secret d'ailleurs avait été bien gardé par le tabellion, dont c'est le premier devoir professionnel. Aussi, attendait-on avec quelque anxiété l'ouverture du testament. Quand elle eut lieu, il dut se passer une petite scène, que fixa la malice du futur critique des mœurs humaines. Il l'a burinée avec une pointe d'humeur:

« *Titius* assiste à la lecture d'un testament avec les yeux rouges et humides, et le cœur serré de la perte de celui dont il espère recueillir la succession: un article lui donne la charge, un autre les rentes de la ville, un·troisième le rend maître d'une terre à la campagne ; il y a une clause qui, bien entendue, lui accorde une maison située au milieu de Paris, comme elle se trouve, et avec les meubles ; son affliction augmente, les larmes lui coulent des yeux, le moyen de les contenir ? il se voit officier, logé aux champs et à la ville, meublé de même

il se voit une bonne table et un carrosse : *Y
avait-il au monde un plus honnête homme que
le défunt, un meilleur homme ?* Il y a un codi-
cile, il faut le lire ; il fait *Mævius* légataire
universel, et il renvoie Titius dans son fau-
bourg, sans rentes, sans titre, et le met à pied.
Il essuie ses larmes : c'est à Mævius à s'affli-
ger » (1).

(1) Chap. xiv, n° 59.

CHAPITRE II

AVOCAT ET FINANCIER

I

Glose d'Orléans plus obscure que le texte !

La Bruyère, avec son esprit net et lucide, laissait tomber de dégoût les fatras ténébreux des commentaires sous lesquels messieurs les docteurs de l'université d'Orléans ensevelissaient le texte déjà difficile du droit romain.

A Paris, depuis Cujas et les grands jurisconsultes du siècle précédent, les professeurs avaient secoué la vieille routine, si chère à messieurs d'Orléans.

Mais, ne voilà-t-il pas que notre jeune étudiant en droit parisien se voit obligé de se présenter à Orléans pour ses examens de licence.

Ah! s'il avait eu sa liberté de parole devant le jury orléanais, il aurait commencé par faire sa profession de foi.

« L'étude des textes ne peut jamais être assez recommandée : c'est le chemin le plus court, le plus sûr et le plus agréable pour tout genre d'érudition. Ayez les choses de la première main, puisez à la source ; maniez, remaniez le texte, apprenez-le de mémoire, citez-le dans les occasions, songez surtout à en pénétrer le sens dans toute son étendue et dans ses circonstances ; conciliez un auteur original, ajustez ses principes, tirez vous-même les conclusions. Les premiers commentateurs se sont trouvés dans le cas où je désire que vous soyez : n'empruntez leurs lumières et ne suivez leurs vues qu'où les vôtres seraient trop courtes; leurs explications ne sont pas à vous, et peuvent aisément vous échapper : vos observations, au contraire, naissent de votre esprit, et y demeurent; vous les retrouvez plus ordinairement dans la conversation, dans la consultation et dans la dispute. Ayez le plaisir de voir que vous n'êtes arrêtés dans la lecture que par les difficultés qui sont invincibles, où les commentateurs et les scoliastes eux-mêmes demeurent court, si fertiles d'ailleurs, si abondants et si chargés d'une vaine et fastueuse érudition dans les endroits clairs, et qui ne font de peine ni à eux ni aux autres. Achevez ainsi de vous convaincre, par cette méthode d'étudier, que c'est la paresse des hommes qui a encouragé le pédantisme à grossir plutôt qu'à enrichir les bibliothèques, à faire périr le texte sous le poids des commentaires; et qu'elle a en cela agi contre soi-même et contre ses plus chers intérêts en multipliant les lectures, les recherches et le travail qu'elles cherchent à éviter » (1).

(1) Chap. XIV, n° 72.

Mais, cette sage déclaration de principes eût semblé révolutionnaire aux examinateurs, qui y auraient répondu par un vote unanime, classant en première ligne le candidat dans la série des refusés.

Il préféra les aborder, tremblant et anxieux.

Le registre universitaire, conservé aux archives départementales du Loiret, garde la trace de cet apeurement du pauvre candidat parisien. La supplique et la déclaration pour la présentation des thèses sont écrites d'une main mal assurée, et, ce qui est plus grave, elles sont émaillées de fautes d'orthographe impardonnables, avec une erreur de date qui achève de nous révéler l'état d'esprit de l'aspirant licencié.

Les examinateurs s'en rendirent-ils compte? Prirent-ils en compassion la terreur du jeune homme? Consentirent-ils dès lors à laisser la glose pour s'en tenir au texte? L'histoire dit seulement qu'il sortit de l'épreuve non sans distinction et s'en revint à Paris plus gai qu'il n'en était sorti.

Reçu avocat au parlement parisien, le jeune débutant chercha le secret du beau langage.

II

Hélas! l'éloquence française avait beaucoup de peine à se tirer de ses langes. Quand il rappellera ses premières remarques à cet égard, notre jeune avocat le dira avec une finesse de pointe excellente :

« Il y a moins d'un siècle qu'un livre français était un certain nombre de pages latines où l'on découvrait quelques lignes ou quelques mots en notre langue. Les passages, les traits et les citations n'en étaient pas demeurés là : Ovide et Catulle achevaient de décider des mariages et des testaments, et venaient avec les Pandectes au secours de la veuve et des pupilles. Le sacré et le profane ne se quittaient point; ils s'étaient glissés ensemble jusque dans la chaire : saint Cyrille, Horace, saint Cyprien, Lucrèce, parlaient alternativement : les poètes étaient de l'avis de saint Augustin et de tous les Pères : on parlait latin et longtemps devant des femmes et des marguilliers; on a parlé grec : il fallait savoir prodigieusement pour prêcher si mal » (1).

Le trait final vise l'éloquence de la chaire. Celle du barreau se présentait-elle avec un autre caractère ? Notre jeune licencié put constater qu'il n'en était malheureusement rien. A son sens un peu exagéré, les difficultés de l'avocat sont bien autres que celles du prédicateur :

« La fonction de l'avocat est pénible, laborieuse, et suppose, dans celui qui l'exerce, un riche fonds et de grandes ressources. Il n'est pas seulement chargé, comme le prédicateur, d'un certain nombre d'oraisons composées avec loisir, récitées de mémoire, avec autorité, sans contradicteurs, et qui, avec de médiocres changements, lui font honneur plus d'une fois. Il prononce de graves plaidoyers devant des juges qui peuvent lui imposer silence, et contre des adversaires qui l'interrompent ; il doit être prêt sur la réplique ; il parle en un même jour, dans divers tribunaux, de différentes affaires. Sa maison n'est pas pour lui un lieu

(1) Chap. xv, n° 6.

de repos et de retraite, ni un asile contre les plaideurs ; elle est ouverte à tous ceux qui viennent l'accabler de leurs questions et de leurs doutes : il ne se met pas au lit, on ne l'essuie point, on ne lui prépare point des rafraîchissements ; il ne se fait point dans sa chambre un concours de monde de tous les états et de tous les sexes, pour le féliciter sur l'agrément et sur la politesse de son langage, lui remettre l'esprit sur un endroit où il a couru risque de demeurer court, ou sur un scrupule qu'il a sur le chevet d'avoir plaidé moins vivement qu'à l'ordinaire. Il se délasse d'un long discours par de longs écrits, il ne fait que changer de travaux et de fatigues : j'ose dire qu'il est, dans son genre, ce qu'étaient dans le leur les premiers hommes apostoliques » (1).

---

(1) Le grand satirique du xviie siècle n'a pas manqué de relever vertement cet affolement de quelques « matriarches » autour des prédicateurs en renom, surtout dans le parti janséniste. C'est dans la dixième satire que Boileau les a tournées en son puissant ridicule :

Quelque léger dégoût vient-il le travailler,
Une faible vapeur le fait-elle bâiller,
Un escadron coiffé d'abord court à son aide :
L'une chauffe un bouillon, l'autre apprête un remède ;

Le nouvel avocat au parlement se faisait, comme on voit, la part belle (1).

Parmi les avocats en renom à ce moment, il y en avait de bien bizarres.

Fourcroy, l'un des plus en faveur, jouait du poumon comme à l'église un chantre du serpent ou de l'ophicléide. Il disputait un jour avec Molière, devant Boileau, qui s'écria :

— Qu'est-ce que la raison avec un filet de voix contre une gueule comme celle-là ?

La Bruyère s'amusait à l'écouter au palais. Il croyait entendre, comme disait Boileau,

> Chez lui sirops exquis, ratafias vantés,
> Confitures surtout, volent de tous côtés :
> Car de tous mets sucrés, secs, en pâte ou liquides,
> Les estomacs dévots toujours furent avides.
> Le premier massepain pour eux, je crois, se fit,
> Et le premier citron à Rouen fut confit.

(1) C'était aussi l'avis de Montaigne, que nous citons, sans le discuter :

« La charge de prescheur, dit-il, luy donne autant qu'il luy plaist de loisir pour se préparer, et puis sa carrière se passe d'un fil et d'une suite sans interruption ; là où les commodités de l'advocat le pressent à toute heure de se mettre en lice, et les responses improuveues de sa patrie adverse le rejectent de son bransle, où il lui fault sur le champ prendre nouveau party.... La part de l'advocat est plus difficile que celle du prescheur ; et nous trouvons pourtant, ce m'est d'advis, plus de passables advocats que de prescheurs, au moins en France. »

...d'une gueule infernale
La chicane en fureur mugir dans la grand'salle (1).

Notre petit débutant s'en amusait. Mais, conséquence grave au point de vue de son avenir, il y prit en dégoût la profession.

Un sentiment d'équité naturelle le détournait des chicanes de la procédure, tout comme sa droiture de cœur l'irritait contre les distinctions et la casuistique si chère à Port-Royal, et son bon sens naturel contre les niaiseries des charlatans empiriques si fort en honneur au XVIIe siècle. Il en vint à confondre les jurisconsultes avec les chicaneurs, les casuistes du superfin alors tant goûté par la secte, avec les moralistes théologiens, les charlatans avec les médecins, et il engloba le tout dans un anathème général :

« Si les hommes sont hommes plutôt qu'ours ou panthères, s'ils sont équitables, s'ils se font justice à eux-mêmes et qu'ils la rendent aux autres, que deviennent les lois, leur texte et le prodigieux accablement de leurs commentaires ? que devient le *pétitoire* et le *possessoire*,

(1) Chap. xv, n° 26.

et tout ce qu'on appelle jurisprudence? où se réduisent même ceux qui doivent tout leur relief et toute leur enflure à l'autorité où ils sont établis de faire valoir ces mêmes lois? Si ces mêmes hommes ont de la droiture et de la sincérité, s'ils sont guéris de la prévention, où sont évanouies les disputes de l'école, la scolastique et les controverses? S'ils sont tempérants, chastes et modérés, que leur sert le mystérieux jargon de la médecine, et qui est une mine d'or pour ceux qui s'avisent de le parler? Légistes, docteurs, médecins, quelle chute pour vous, si nous pouvions tous nous donner le mot de devenir sages! » (1).

Qu'attendre d'un jurisconsulte qui traite du haut de son jeune mépris le texte même avec les termes de la loi? Qu'attendre d'un jeune avocat, qui préfère rire de Fourcroy que de s'essayer à parler?

C'était le cas de Jean de la Bruyère. On s'en inquiéta au logis. Bientôt même, on en vint à rougir des idées, des manies et de l'oisiveté du fils aîné, qui, disaient les sages en

(1) Chap. xii, n° 11.

hochant la tête devant une sagesse aussi pré-
coce, ne serait jamais bon à rien.

Notre jeune méditatif crut avoir trouvé sa
voie ailleurs.

III

« Louis, par la grâce de Dieu, roi de France
« et de Navarre, à tous ceux qui ces présentes
« verront, salut.

« Savoir fesons que nous à plein confiant
« en la personne de notre cher et bien-aimé
« M. Jean de la Bruyère, advocat au Parlement,
« et en sa suffisance, loyauté, prudhommie,
« expérience au fait des finances, fidélité et
« affection à notre service, à iceluy, pour ces
« causes, avons donné et octroyé, donnons et
« octroyons par ces présentes l'office de notre
« conseiller, trésorier de France et général de
« nos finances en la généralité de Caen. »

Ces lettres patentes du roi sont datées du
23 mars 1674.

Il y avait huit ans environ que maître Jean
plaidait ou ne plaidait pas, au Parlement de
Paris, et au moment où chacun des siens

désespérait de sa carrière, il surprit tout son monde, en se faisant nommer trésorier général des finances.

Ah ! s'il avait vécu assez pour le voir, c'est l'oncle Jean qui eût été content de son neveu ! Trésorier des finances et financier, cela ne jure pas trop dans les termes, et l'ancien prêteur à intérêts eût souri d'aise, en relisant les lettres patentes qui envoyaient son paresseux de neveu en Normandie.

C'est une assez amusante étude de mœurs du temps que le récit des formalités par lesquelles le jeune trésorier des finances dût passer, avant d'être admis à en remplir les fonctions au pays normand. Nous l'empruntons à M. Allaire :

Le 27 mars 1674, la Bruyère fit le versement de 1,696 francs pour les droits et mois d'or de la charge qui lui avait été donnée. Ensuite le chancelier de France, M. d'Aligre, qui avait dû connaître l'oncle et parrain, Jean de la Bruyère, secrétaire du roi, prit le serment de notre auteur, par mandement de Sa Majesté, ainsi qu'il est dit dans les lettres patentes. A tout cela, aucune difficulté. Mais la Bruyère dut aller à Rouen remplir d'autres formalités qui furent beaucoup plus longues et plus ennuyeuses.

Il venait d'entrer dans sa trentième année lorsqu'il se présenta devant les officiers de la chambre des comptes de Normandie.

Ils furent convoqués pour le 23 août 1674 ; ils ne se trouvèrent pas en nombre ; le semestre fut remis à un autre jour.

Peut-être l'information nécessaire sur l'âge, vie, mœurs, vocations, religion, extraction, comportements et moyens de M. Jean de la Bruyère n'était-elle pas tout à fait achevée. Elle le fut le 11 septembre ; et, le 13 de ce mois, la chambre des comptes de Rouen s'était réunie, maître Michel Tesson, commis au greffe de la chambre, tenant le plumitif ; la Bruyère fut amené avec tout l'appareil d'usage et introduit devant l'assemblée, que présidait M. de la Place.

Parvenu jusqu'au banc de Messieurs les présidents, après les salutations ordinaires et accoutumées, la Bruyère fit une harangue en français et supplia la chambre de le recevoir au serment de son office.

Avant d'y consentir, **MM.** les présidents, conformément aux lois et coutumes de France et de Normandie, voulurent s'assurer s'il était capable de bien s'acquitter de sa charge, et lui adressèrent diverses questions sur les finances et sur les fonctions qu'il avait à remplir.

Après **MM.** les présidents, ce furent les conseillers maîtres qui interrogèrent la Bruyère pour voir s'il était digne de siéger parmi eux. Et, ce fait, la Bruyère fut conduit au parquet pendant que l'on délibérait sur sa réception. Enfin la chambre décida et ordonna que la Bruyère serait reçu à prêter serment.

Le livre des saints Evangiles était sur le banc du bureau : la Bruyère s'avança et prêta serment les deux mains étendues sur le livre ouvert. M. Baillaud, doyen des conseillers maîtres, se leva ; il alla faire asseoir M. de la Bruyère sur le dernier banc des conseillers maîtres, et ensuite reprit sa séance. Sur ce point de la vie de la Bruyère, M. Eug. Châtel nous fournit des détails d'une authenticité incontestable.

Huit jours après, la Bruyère était à Caen; là les formalités furent moins longues : MM.

les présidents et trésoriers de France et généraux des finances au bureau de Caen ne le
firent pas languir comme les présidents et
conseillers de la cour des comptes de Rouen.
Sur simple requête, sans aucun autre cérémo-
nial, il fut installé à son bureau, et toucha les
émoluments à partir du 1er janvier 1674, ainsi
qu'il était ordonné par les lettres patentes du
roi. Nous ne savons pas au juste à quelle
somme cela pouvait s'élever ; mais, en 1685,
déduction faite de la rétribution que la
Bruyère fut obligé de payer à ceux qui rem-
plirent ses fonctions à sa place, il reçut comme
traitement 2,348 livres 10 sols, dont nous
avons quittance. Pour cette époque, c'était un
joli revenu.

En 1674, il est probable qu'il ne demeura
pas longtemps en Normandie. On n'a trouvé,
après de sérieuses recherches dans les archives de la préfecture du Calvados, aucune
trace d'un long séjour de la Bruyère à Caen,
au contraire, tout porte à croire qu'il eut
grande hâte de s'en aller. Il avait prouvé qu'il
était au courant de toutes le matières qui con-
cernaient son état : cela lui suffit.

Ces bureaux de finances dont il faisait partie étaient des tribunaux dont la compétence était fort étendue, et qui prétendaient être des cours supérieures comme les chambres des comptes : ils veillaient à maintenir dans son intégrité le domaine du roi, et pouvaient, après délibération secrète, en vertu d'une simple ordonnance, forcer les vassaux, les tenanciers et autres débiteurs du roi, de se ranger à leur devoir. Ils examinaient si les recettes accusées par ceux qui maniaient les deniers du roi étaient complètes, et si leurs dépenses étaient fondées sur des titres légitimes. Ils faisaient la répartition des tailles, saisissaient féodalement, connaissaient des déshérences et confiscations, surveillaient les grands chemins, ponts, canaux, rivières, édifices, rues et maisons, et inspectaient tout ce qui regarde la grande et la petite voirie. Tous les deux ans, en janvier, février et mars, ils faisaient une chevauchée dans leur généralité, pour visiter les domaines du roi, et s'assurer des observations des ordonnances royales. La Bruyère ne prit point part à la chevauchée de 1675. Il n'était pas fait pour exercer cet état.

« Il faut, dit-il (1), des saisies de terre, des enlèvements de meubles, des prisons et des supplices, je l'avoue ; mais, justice, lois et besoins à part, ce m'est toujours une chose nouvelle de contempler avec quelle férocité les hommes traitent d'autres hommes (2). »

IV

Du moins, il rapportera du pays normand un singulier amour pour les choses de l'agriculture et une vraie sympathie pour les paysans.

Il écrivait plus tard, sous l'impression de ces vieux et bons souvenirs :

« On s'élève dans la ville dans une indifférence grossière des choses rurales et champêtres ; on distingue à peine la plante qui porte le chanvre d'avec celle qui produit le lin, et le blé froment d'avec les seigles, et l'un ou l'autre d'avec le méteil (3) : on se contente de se nourrir et de s'habiller. Ne parlez

(1) Chap. xi, n° 127.
(2) ALLAIRE, op. cit., t. I, p. 51-53.
(3) Mélange de froment et de seigle.

à un grand nombre de bourgeois, ni de gué-
rets (1), ni de baliveaux (2), ni de provins (3),
ni de regains (4), si vous voulez être entendu ;
ces termes, pour eux, ne sont pas français :
parlez aux uns d'aunage, de tarif, ou de sou
pour livre (5), et aux autres, de voie d'appel,
de requête civile (6), d'appontement (7), d'évo-
cation (8). Ils connaissent le monde, et encore

(1) Terres labourées et non ensemencées.

(2) Arbres qu'on réserve lors de la coupe d'un bois
et qui sont destinés à devenir des arbres de haute
futaie. Réservés lors d'une seconde coupe, ils deviennent des *modernes ;* après une troisième coupe, on les
appelle des *anciens*.

(3) Rejetons d'un cep de vigne dont les bois ont été
couchés en terre pour qu'ils y prennent racine et y
poussent de nouveaux ceps.

(4) La seconde coupe des prairies naturelles et les
secondes coupes des prairies artificielles.

(5) Imposition d'un vingtième sur la valeur de toutes
les marchandises.

(6) Requête polie : voie extraordinaire par laquelle
on peut, dans certains cas déterminés par la loi, faire
réformer, par les juges mêmes qui l'ont prononcé, un
arrêt rendu en dernier ressort.

(7) Jugement préparatoire par lequel le juge, pour
mieux s'instruire d'une affaire, ordonne que les parties la discuteront d'abord par écrit devant lui.

(8) L'action d'ôter au juge ordinaire la connaissance
d'une contestation, et de conférer à d'autres juges le
pouvoir de la décider.

par ce qu'il a de moins beau et de moins spé-
cieux ; ils ignorent la nature, ses commencements, ses progrès, ses dons et ses largesses :
leur ignorance souvent est volontaire, et fon-
dée sur l'estime qu'ils ont pour leur profession et pour leurs talents. Il n'y a de si vil
praticien qui, au fond de son étude sombre et
enfumée, et l'esprit occupé d'une plus noire
chicane, ne se préfère au laboureur qui jouit
du ciel, qui cultive la terre, qui sème à propos, et qui fait de riches moissons ; et s'il
entend quelquefois parler des premiers hommes ou des patriarches, de leur vie champêtre
et de leur économie, il s'étonne qu'on ait pu
vivre en de tels temps, où il n'y avait encore
ni offices, ni commissions, ni présidents, ni
procureurs ; il ne comprend pas qu'on ait
jamais pu se passer du greffe, du parquet et
de la buvette (1). »

Ils ignorent la nature !

L'exclamation fait plaisir. Nous n'aurons
pas si souvent à la rencontrer, même parmi
les meilleurs du Grand·Siècle, pour que nous

____

(1) Chap. VII, n° 21.

ne nous y arrêtions pas avec quelque complaisance.

En dehors de la Bruyère, Fénelon et la Fontaine, le sentiment de la nature semble n'avoir point compté pour nos grands génies. Il échappait à leur esthétique. Pour eux, les bois, les champs, les monts, les vals, la mer, les beaux horizons, tout ce qui charmera la littérature du dix-neuvième siècle, semble ne pas exister. Il n'y a rien ou presque rien qui mérite de fixer leur regard, absorbé par le spectacle de la cour et de la ville. Tout au plus, les jardins de Versailles et les allées peignées à grands frais obtiennent-ils l'aumône de leur sourire. Ils le doivent à ce que, là du moins, l'art est parvenu à peu près à corriger la nature, cette nature dont ils n'ont pas le secret.

La Bruyère du moins — et ce n'est pas le moindre signe de son originalité géniale — sut assez secouer l'influence ambiante, pour échapper à la mode et à la convention tyrannique de ses contemporains.

Il aime les champs et, avec les champs, ceux qui les cultivaient au pays normand. Les paysans de Normandie lui demeureront chers.

Il en parlera, avec un sourire, cet homme, à qui les citadins en devront si peu.

— Il y a dans l'Europe, dit-il (1), un endroit d'une province maritime d'un grand royaume, où le villageois est doux et insinuant !

Ce villageois, il l'a connu, il a peut-être pressé sa main rude et calleuse. Qui sait ? Je n'en suis pas sûr, puisque aucun biographe ne l'a dit encore, mais j'aime à croire que je ne me trompe point. Oui, en un siècle où la distinction des castes était inexorable, cet homme, ce grand cœur, ce chrétien qui fut la Bruyère, a ressuscité les souvenirs des temps chevaleresques.

Au moyen âge, de hauts et puissants seigneurs ne dédaignèrent pas de descendre du faîte des grandeurs terrestres, pour endosser le froc monastique et devenir, eux, les hauts et puissants messires, d'humbles hommes des champs.

L'un d'eux, racontait un jour dans la chaire de Notre-Dame le digne successeur de Lacordaire, l'un d'eux, le comte Ermanfroy, ne

(1) Chap. XII, n° 22.

rencontrait jamais un homme des champs sans se sentir profondément touché comme par une divine apparition. Il allait à lui, lui prenait les mains avec respect, les baisait et les arrosait de ses larmes...

Sur quoi, le Père Monsabré jetait, avant de finir, cette fière déclaration à ses auditeurs :

— Messieurs, je suis de la race spirituelle des Ermanfroy. Moine comme lui, et ami du travailleur, je ne croirais pas m'humilier en l'imitant, car ma foi me montre, dans les mains que le travail a meurtries, les mains adorables de Jésus ouvrier.

V

Par contre, le bourgeois et le magistrat lui parurent odieux.

— Le bourgeois au contraire, fait-il en opposition à son éloge des gens de la campagne normande, le bourgeois et le magistrat grossiers, et dont la rusticité est héréditaire (1).

(1) Chap. xii, n° 22.

Sans doute, notre jeune trésorier des finances avait éprouvé cette « rusticité », et, aux
premières saillies de sa verve satirique, les
bourgeois de Caen durent quelquefois répondre, en montrant un visage sévère et piqué. Il
s'en souvenait quand il écrivit :

« Les provinciaux et les sots sont toujours
prêts à se fâcher et à croire que l'on se moque
d'eux, ou qu'on les méprise : il ne faut jamais
hasarder la plaisanterie, même la plus douce
et la plus permise, qu'avec des gens polis ou
qui ont de l'esprit (1). »

Il y a de l'amertume d'amour-propre froissé
dans l'observation. Il y en a aussi dans le
contraste qu'il peindra, à traits si vifs et si
durs (2) :

« Les empereurs n'ont jamais triomphé à
Rome si mollement, si commodément, ou si
sûrement même, contre les vents, la pluie, la
poudre et le soleil, que le bourgeois sait à
Paris se faire mener par toute la ville : quelle
distance de cet usage à la mule de leurs an-

(1) Chap. v, n° 51.
(2) Chap. vii, n° 22.

cêtres ! Ils ne savaient point encore se priver
du nécessaire pour avoir le superflu, ni préférer le faste aux choses utiles. On ne les
voyait point s'éclairer avec deux bougies, et
se chauffer à un petit feu : la cire était pour
l'autel et pour le Louvre. Ils ne sortaient
point d'un mauvais dîner pour monter dans
leur carrosse ; ils se persuadaient que l'homme
avait des jambes pour marcher, et ils marchaient. Ils se conservaient propres quand il
faisait sec, et dans un temps humide ils gâ-
taient leur chaussure, aussi peu embarrassés
de franchir les rues et les carrefours, que le
chasseur de traverser un guéret, ou le soldat
de se mouiller dans une tranchée : on n'avait
pas encore imaginé d'atteler deux hommes à
une litière ; il y avait même plusieurs magistrats qui allaient à pied à la chambre, ou aux
enquêtes, d'aussi bonne grâce qu'Auguste autrefois allait de son pied au Capitole. L'étain
dans ce temps brillait sur les tables et sur les
buffets, comme le fer et le cuivre dans les
foyers ; l'argent et l'or étaient dans les coffres.
Les femmes se faisaient servir par des femmes ;
on mettait celles-ci jusqu'à la cuisine. Les

beaux noms de gouverneurs et de gouver-
nantes n'étaient pas inconnus à nos pères; ils
savaient à qui l'on confiait les enfants des
rois et des plus grands princes; mais ils partageaient le service de leurs domestiques avec
leurs enfants, contents de veiller eux-mêmes
immédiatement à leur éducation. Ils comp-
taient en toutes choses avec eux-mêmes : leur
dépense était proportionnée à leur recette;
leurs livrées, leurs équipages, leurs meubles,
leur table, leurs maisons de la ville et de la
campagne, tout était mesuré sur leurs rentes
et sur leur condition. Il y avait entre eux des
distinctions extérieures qui empêchaient qu'on
ne prît la femme du praticien pour celle du
magistrat, et le roturier ou le simple valet pour
le gentilhomme. Moins appliqués à dissiper
ou à grossir leur patrimoine qu'à le maintenir,
ils le laissaient entier à leurs héritiers, et passaient ainsi d'une vie modérée à une mort
tranquille. Ils ne disaient point : *Le siècle est
dur, la misère est grande, l'argent est rare;*
ils en avaient moins que nous, et en avaient
assez, plus riches par leur économie et par leur
modestie, que de leurs revenus et de leurs

domaines. Enfin, l'on était alors pénétré de cette maxime, que ce qui est dans les grands splendeur, somptuosité, magnificence, est dissipation, folie, ineptie, dans les particuliers. »

Quant aux magistrats du pays normand, ils ne trouvèrent pas mieux grâce devant son observation caustique. Peut-être gardait-il, au fond du cœur, rancune aux gros bonnets de la cour de Rouen, pour avoir fait attendre le nouveau trésorier des finances avant de le recevoir. Plus vraisemblablement, il avait pris pour objectif quelque Perrin Dandin de Caen, dont la suffisance bête et maussade lui aura rendu insupportable le séjour d'une province où, comme on l'a fait remarquer, Huet, Segrais et d'autres bons esprits ont trouvé une société beaucoup moins désagréable.

L'habitation de la petite ville et le contact des petits esprits qu'il lui fallait ménager finirent par lui devenir insupportables, pas assez cependant pour l'empêcher de grossir le trésor de notes et de remarques qu'il commençait dès lors à entasser.

Il avait vu de près la province, il allait rentrer de voyage, mais, n'attendez pas de lui qu'il ait voyagé en aveugle. Il n'est pas de ceux dont il a blâmé l'incurie et la sottise, quand il dit :

« Tel autre fait la satire de ces gens qui s'engagent par inquiétude ou par curiosité dans de longs voyages; qui ne font ni mémoires, ni relations; qui ne portent point de tablettes; qui vont pour voir, et qui ne voient pas, ou qui oublient ce qu'ils ont vu; qui désirent seulement de connaître de nouvelles tours ou de nouveaux clochers, et de passer des rivières qu'on n'appelle ni la Seine ni la Loire; qui sortent de leur patrie pour y retourner, qui aiment à être absents, qui veulent un jour être revenus de loin ; et ce satirique parle juste, et se fait écouter » (1).

(1) Chap. xiii, n° 13.

CHAPITRE III

COMMENT ON SE PRÉPARE A DEVENIR ÉCRIVAIN

Sommaire. — Soyez au plus correcteur d'imprimerie, n'écrivez point! — Dix-huit ans de stage. — Si le génie doit s'affranchir de l'étude des modèles. — La Bruyère ne l'a point pensé ainsi. — Un merveilleux parallèle. — Une étude qui serait intéressante. — De Rabelais. — Comment la Bruyère apprit à devenir modeste. — La propriété des termes. — Ce qui rend si parfait le style épistolaire des femmes. — Immédiatement au-dessous de rien. — A quoi l'on reconnaît un bon livre. — « La ville » prise sur le fait de la promenade. — Ce qu'il y avait, d'après M. Taine, dans le fond intime de la Bruyère. — Vues sur le cœur du critique. — Pourquoi ce délicat un peu tendre devient satirique et amer. — Parallèle entre la Bruyère et Jean-Jacques. — Ce qu'il y a de juste et ce qu'il y a d'exagéré. — Les animaux farouches. — Je veux être peuple ! — Si cette phrase renferme vraiment tout le dix-huitième siècle et tout l'esprit de la Révolution. — Le noble de province. — Désillusion et désenchantement.— Il faut rire avant d'être heureux.—Comment la Bruyère, tout en appartenant au Grand Siècle, est notre contemporain.— A l'école de Bossuet.

I

Tel tout d'un coup, et sans y avoir pensé la veille, prend du papier, une plume, dit en soi-même : Je vais faire un livre, sans autre talent pour écrire que le besoin qu'il a de cinquante pistoles. Je lui crie inutilement : Prenez une scie, *Dioscore;* sciez ou bien tournez, ou faites une jante de roue, vous aurez votre salaire. Il n'a point fait l'apprentissage de tous ces métiers. Copiez donc, transcrivez, soyez au plus correcteur d'imprimerie ; n'écrivez point. Il veut écrire et faire imprimer ; et parce qu'on n'envoie pas à l'imprimeur un cahier blanc, il le barbouille de ce qu'il lui plaît ; il écrirait volontiers que la Seine coule à Paris, qu'il y a sept jours dans la semaine, ou que le temps est à la pluie ; et comme ce discours n'est ni contre la religion ni contre l'Etat, et qu'il ne fera point d'autre désordre dans le public que de lui gâter le goût et l'accoutumer aux choses fades et insipides, il passe à l'examen, il est imprimé, et, à la honte du siècle, comme pour l'humiliation des bons auteurs, réimprimé (1). »

La Bruyère ne fit point ainsi.

Mais, comment s'y prit-il pour devenir un si grand écrivain ? La chose vaut la peine d'être observée et narrée par le menu, pour

______

(1) Chap. xv, n° 23.

l'instruction des jeunes aspirants à l'honneur d'être imprimés et..... réimprimés, et aussi pour la consolation de ceux qui ne savent jamais se décider à envoyer leur copie chez l'éditeur.

Un homme qui s'est vanté d'avoir été l'ami de la Bruyère, et qui ne fut que son plagiaire, raconte l'historien déjà cité, un avocat peu véridique, Brillon, dit que l'auteur des *Caractères* mit dix-huit ou vingt ans à composer son ouvrage, et que pendant tout ce temps-là il fut occupé, soit à l'écrire, soit à se demander s'il le publierait. Il y a du vrai dans ces assertions peu vraisemblables.

II

Le propre du génie est l'originalité dans l'invention.

Est-ce à dire qu'il lui faille cependant, pour cela, fermer les yeux et se boucher les oreilles avant de rien produire?

La Bruyère ne le pensa point ainsi. Il regarda et il écouta longtemps, avant de se décider à écrire.

A ce moment du siècle où nous sommes arrivés, une querelle retentissante affligeait beaucoup de bons esprits, celle de la rivalité déclarée entre les partisans de Racine montant, et ceux du vieux Corneille qui déclinait à l'horizon. La Bruyère les entendit les uns et les autres. Il a tracé des deux grands tragiques français un parallèle justement demeuré classique. Impossible de pousser plus loin la sagacité dans l'observation et la justesse dans le trait :

« Corneille, dit-il, ne peut être égalé dans les endroits où il excelle : il a pour lors un caractère original et inimitable; mais il est inégal. Ses premières comédies sont sèches, languissantes, et ne laissaient pas espérer qu'il dût ensuite aller si loin, comme les dernières font qu'on s'étonne qu'il ait pu tomber de si haut. Dans quelques-unes de ses meilleures pièces, il y a des fautes inexcusables contre les mœurs (1) ; un style de déclamation qui arrête

(1) M. J. Labbé a justement fait observer que la Bruyère n'accuse point Corneille de pécher contre la morale, ce qui serait absurde, mais contre les mœurs dramatiques, qui exigent qu'un personnage agisse

l'action et la fait languir; des négligences dans les vers et dans l'expression, qu'on ne peut comprendre en un si grand homme. Ce qu'il y a eu en lui de plus éminent, c'est l'esprit, qu'il avait sublime, auquel il a été redevable de certains vers, les plus heureux qu'on ait jamais lus ailleurs, de la conduite de son théâtre, qu'il a quelquefois hasardée contre les règles des anciens, et enfin de ses dénouements, car il ne s'est pas toujours assujetti au goût des Grecs et à leur grande simplicité; il a aimé, au contraire, à charger la scène d'événements dont il est presque toujours sorti avec succès : admirable surtout par l'extrême variété et le peu de rapport qui se trouve pour le dessein entre un si grand nombre de poèmes qu'il a composés. Il semble qu'il y ait plus de ressemblance dans ceux

jusqu'au dénouement d'une manière conforme à un caractère et à sa situation.

Servetur ad imum
Qualis ab incœpto processerit, et sibi constet.
(Horat. *Ep. ad. Pis.*)

Il est certain que le caractère de Cinna se montre fort différent dans les derniers actes de la tragédie de ce qu'il a été dans le premier.

de Racine (1), et qu'ils tendent un peu plus à une même chose; mais il est égal, soutenu, toujours le même partout, soit pour le dessein et la conduite de ses pièces, qui sont

(1) Boileau, d'ailleurs suspect de partialité en faveur de Racine, a repris, pour son compte, le célèbre parallèle de la Bruyère, et en a contesté certains traits dans ses *Réflexions critiques sur Longin :* « Corneille, dit-il, est celui de tous nos poètes qui a fait le plus d'éclat en notre temps; et on ne croyait pas qu'il pût jamais y avoir en France un poète digne de lui être égalé. Il n'y en a point, en effet, qui ait plus d'élévation de génie, ni qui ait plus composé. Tout son mérite pourtant, à l'heure qu'il est, ayant été mis par le temps comme dans un creuset, se réduit à huit ou neuf pièces de théâtre qu'on admire, et qui sont, s'il faut ainsi parler, comme le midi de sa poésie, dont l'orient et l'occident n'ont rien valu. Encore, dans ce petit nombre de bonnes pièces, outre les fautes de langage qui y sont assez fréquentes, on commence à s'apercevoir de beaucoup d'endroits de déclamation qu'on n'y voyait point autrefois. Ainsi, non seulement, on ne trouve point mauvais qu'on lui compare aujourd'hui M. Racine, mais il se trouve même quantité de gens qui le lui préfèrent. La postérité jugera qui vaut le mieux des deux, car je suis persuadé que les écrits de l'un et de l'autre passeront aux siècles suivants. Mais jusque-là ni l'un ni l'autre ne doit être mis en parallèle avec Euripide et Sophocle, puisque leurs ouvrages n'ont point encore le sceau qu'ont les ouvrages d'Euripide et de Sophocle, je veux dire l'approbation de plusieurs siècles. »

justes, régulières, prises dans le bon sens et dans la nature, soit pour la versification, qui est correcte, riche dans ses rimes, élégante, nombreuse, harmonieuse ; exact imitateur des anciens, dont il a suivi scrupuleusement la netteté et la simplicité de l'action : à qui le grand et le merveilleux n'ont pas manqué, ainsi qu'à Corneille, ni le touchant ni le pathétique. Quelle plus grande tendresse que celle qui est répandue dans tout le *Cid*, dans *Polyeucte* et dans les *Horaces?* Quelle grandeur ne se remarque point en Mithridate, en Porus et en Burrhus? Ces passions encore favorites des anciens, que les tragiques aimaient à exciter sur les théâtres, et qu'on nomme la terreur et la pitié, ont été connues de ces deux poètes. Oreste, dans l'*Andromaque* de Racine, et *Phèdre* du même auteur, comme l'*Œdipe* et les *Horaces* de Corneille, en sont la preuve. Si cependant il est permis de faire entre eux quelque comparaison, et les marquer l'un et l'autre par ce qu'ils ont eu de plus propre, et par ce qui éclate le plus ordinairement dans leurs ouvrages, peut-être qu'on pourrait parler ainsi : Corneille nous

assujettit à ses caractères et à ses idées, Racine
se conforme aux nôtres : celui-là peint les
hommes comme ils devraient être, celui-ci
les peint tels qu'ils sont. Il y a plus dans le
premier de ce que l'on admire, et de ce que
l'on doit même imiter ; il y a plus dans le
second de ce que l'on reconnaît dans les
autres, ou de ce que l'on éprouve dans soi-
même. L'un élève, étonne, maîtrise, instruit ;
l'autre plaît, remue, touche, pénètre. Ce qu'il
y a de plus beau, de plus noble et de plus
impérieux dans la raison est manié par le
premier ; et, par l'autre, ce qu'il y a de plus
flatteur et de plus délicat dans la passion. Ce
sont, dans celui-là, des maximes, des règles,
des préceptes ; et, dans celui-ci, du goût et
des sentiments. L'on est plus occupé aux
pièces de Corneille ; l'on est plus ébranlé et
plus attendri à celles de Racine. Corneille est
plus moral ; Racine, plus naturel. Il semble
que l'un imite Sophocle (1), et que l'autre
doit plus à Euripide. »

(1) Il est convenu de dire que ce rapprochement
est forcé. M. J. Labbé lui-même, d'un goût d'ordi-

Ce serait une étude pleine d'intérêt, que de rechercher dans les remarques de la Bruyère la série des observations qu'il nota dans son programme d'écrivain, pour s'en faire à lui-même des règles destinées à endiguer les effusions de son propre génie. Ceux qui en seraient curieux feront bien d'étudier de très près le magnifique chapitre des *Ouvrages de l'esprit*, émaillé de tant de merveilleuses remarques sur les qualités et les défauts des classiques français de son temps. Nous avons cité le parallèle des deux tragiques. Quelle

naire si exquis, a sacrifié au préjugé. « Il suffit, dit-il, de comparer l'*Hippolyte* et la *Phèdre* pour voir combien Racine diffère d'Euripide. Quant à Corneille, il ne ressemble en rien à Sophocle ; son génie est à la fois espagnol et romain, comme celui de Sénèque et Lucain, nullement grec. Ces sortes de parallèles entre les écrivains modernes et les anciens ont toujours quelque chose de forcé, ils ressemblent trop aux antithèses dont parle Pascal : « Ceux qui font les an- « tithèses en forçant les mots sont comme ceux qui « font de fausses fenêtres pour la symétrie. Leur règle « n'est pas de parler juste, mais de faire des figures « justes. » Tout en accordant qu'il y a du vrai dans la convention traditionnelle, il reste, à notre sens, acquis que la Bruyère a touché juste, en différenciant nos deux tragiques par une comparaison fort ingénieuse entre les deux tragiques grecs.

justesse encore dans ces quelques traits d'un crayon si sûr :

« Marot et Rabelais sont inexcusables d'avoir semé l'ordure dans leurs écrits : tous deux avaient assez de génie et de naturel pour pouvoir s'en passer, même à l'égard de ceux qui cherchent moins à admirer qu'à rire dans un auteur (1). Rabelais surtout est incompréhensible ; son livre est une énigme, quoi qu'on veuille dire, inexplicable ; c'est une chimère, c'est le visage d'une belle femme avec des pieds et une queue de serpent, ou de quelque autre bête plus difforme ; c'est un monstrueux assemblage d'une morale fine et ingénieuse et d'une sale corruption ; où il est mauvais, il passe bien loin au delà du pire, c'est le charme de la canaille ; où il est bon, il va jusqu'à l'exquis et à l'excellent » (2).

III

A l'étude des modèles, la Bruyère apprit bien des choses, que plus d'un grand écrivain

(1) Chap. I, n° 54.
(2) Chap. I, n° 43.

ferait bien d'apprendre aux sources où notre célèbre moraliste puisera ces précieuses qualités qui en feront à tout jamais un exemple, tant que la langue française subsistera.

Et d'abord, il apprit à devenir modeste, ce qui, comme on sait, est le moindre défaut de beaucoup, entre les beaux esprits.

Quel charmant début d'écrivain que cette première remarque de notre la Bruyère et comme il dut disposer les plus prévenus en sa faveur !

« Tout est dit, et l'on vient trop tard, depuis plus de sept mille ans qu'il y a des hommes, et qui pensent. Sur ce qui concerne les mœurs, le plus beau et le meilleur est enlevé; l'on ne fait que glaner après les anciens et les habiles d'entre les modernes » (1).

Et incontinent, le génie, modeste dans la profondeur de ses observations, d'ajouter :

« Il faut chercher seulement à penser et à parler juste, sans vouloir amener les autres

(1) Chap. 1, n° 1.

à notre goût et à nos sentiments; c'est une trop grande entreprise » (1).

Ou je me trompe fort, ou Bossuet dut être charmé de ces deux déclarations, inscrites en tête du livre de son jeune ami. Elles valurent à ses yeux toute une préface, et des plus habiles.

Il y reviendra souvent, parce que la pensée qu'il exprime s'est fortement emparée de son esprit, au point de dominer toute sa carrière.

« Un esprit médiocre, dira-t-il encore, croit écrire divinement; un bon esprit croit écrire raisonnablement » (2).

L'observation vient à l'appui d'une autre, qui fut peut-être le plus grand des profits qu'il retira de l'étude des modèles.

Nous allons y insister, parce qu'elle est de beaucoup l'une des plus graves qu'on puisse proposer à l'attention des lecteurs de cette fin de siècle.

Depuis l'invasion du romantisme et de toutes les écoles plus ou moins décadentes qui

—————

(1) Chap. i, n° 2.
(2) Chap. i, n° 17.

l'ont suivi dans notre histoire littéraire, qui donc se soucie encore, en France, de ce qui fut la grande préoccupation de nos meilleurs auteurs au Grand Siècle, ce qui rend leurs ouvrages dignes d'être éternellement médités, ce qui fixe à juste titre l'admiration et l'étude des étrangers qui veulent bien connaître notre langue. Je veux parler de la propriété des termes ?

La Bruyère en parle avec une sorte de culte :

« Entre toutes les différentes expressions qui peuvent rendre une seule de nos pensées, il n'y en a qu'une qui soit la bonne (1); on ne la

(1) Sainte-Beuve n'a eu garde d'omettre de faire ressortir ce que cette pensée a de profond et de juste : « Il y a, dit-il, nombre de pensées droites, justes, proverbiales, mais trop aisément communes dans Boileau, que la Bruyère n'écrirait jamais et n'admettrait pas dans son élite. Chez lui tout devient plus détourné et plus neuf, c'est un repli de plus qu'il pénètre. Par exemple, au lieu de ce genre de sentences familières à l'auteur de l'*Art poétique* :

Ce que l'on conçoit bien s'énonce clairement, etc.

il nous dit dans cet admirable chapitre *Des ouvrages de l'esprit,* qui est son *Art poétique* à lui et sa *Rhétorique :* Entre toutes les différentes expressions, etc... — On sent combien la sagacité si vraie, si judicieuse rencontre pas toujours en parlant ou en écrivant : il est vrai néanmoins qu'elle existe, que tout ce qui ne l'est point est faible, et ne satisfait point un homme d'esprit qui veut se faire entendre » (1).

Il y insiste :

« Un bon auteur, et qui écrit avec soin, éprouve souvent que l'expression qu'il cherchait depuis longtemps sans la connaître, et qu'il a enfin trouvée, est celle qui était la plus simple, la plus naturelle, qui semblait devoir se présenter d'abord et sans efforts » (2).

C'est à cette justesse analytique du terme à employer qu'il attribue le mérite si délicat du style épistolaire, où excellent les femmes.

« Je ne sais si l'on pourra jamais mettre dans des lettres plus d'esprit, plus de tour, plus d'agrément et plus de style, que l'on en voit dans celles de Balzac et de Voiture. Elles sont vides des sentiments qui n'ont régné que depuis leur temps, et qui doivent aux femmes

encore du second critique enchérit pourtant sur la raison saine du premier. »

(1) Chap. 1, n° 17.
(2) Ibid.

leur naissance. Ce sexe va plus loin que le nôtre dans ce genre d'écrire. Elles trouvent sous leur plume des tours et des expressions qui souvent en nous ne sont l'effet que d'un long travail et d'une pénible recherche; elles sont heureuses dans le choix des termes, qu'elles placent si juste que, tout connus qu'ils sont, ils ont le charme de la nouveauté, et semblent être faits seulement pour l'usage où elles les mettent; il n'appartient qu'à elles de faire lire dans un seul mot tout un sentiment, et de rendre délicatement une pensée qui est délicate; elles ont un enchaînement de discours inimitable, qui se suit naturellement, et qui n'est lié que par le sens. Si les femmes étaient toujours correctes, j'oserais dire que les lettres de quelques-unes d'entre elles seraient peut-être ce que nous avons dans notre langue de mieux écrit » (1).

Là où la justesse de l'expression manque, en même temps que la noblesse dans les intentions de l'écrivain, la Bruyère ne se contient plus. Elle est de lui, cette expression

(1) Chap. I, n° 37.

depuis si souvent employée, de lui ordinairement si mesuré et si éloigné du genre sottisier :

« Le H. G. (*Hermès* — Mercure — *Galant*) est immédiatement au-dessous de rien » (1).

De lui encore cette autre constatation psychologique, tant ressassée depuis dans les chaires de littérature et les livres de nos moralistes :

« Quand une lecture vous élève l'esprit, et qu'elle vous inspire des sentiments nobles et courageux, ne cherchez pas une autre règle pour juger de l'ouvrage : il est bon et fait de main d'ouvrier » (2).

Sur cette pensée, comme on l'a fait observer, Longin avait déjà dit : « Tout ce qui est véritablement beau a cela de propre quand on l'écoute, qu'il élève l'âme, et lui fait concevoir une plus haute opinion d'elle-même. » — Longin et la Bruyère ont raison : un bon livre est celui qui élève, un mauvais livre est celui qui abaisse ; et cela est également vrai d'un tableau, d'un opéra, de toutes les œuvres d'art.

(1) Chap. 1, n° 46.
(2) Chap. 1, n° 31.

Sursum corda doit être la devise de quiconque écrit, sculpte, peint, chante, pense pour le public. — Tout ce qui est noble et courageux est bon et beau, tout ce qui est bas et lâche est mauvais et laid (1).

Malheur, ajouterons-nous, à un siècle littéraire dégénéré, où les prétendus réalismes d'un naturalisme éhonté ont pu atrophier le bon sens français, au point de se faire lire et applaudir. La Bruyère n'aurait pas eu assez d'anathèmes, pour répéter, en présence des ordures dont se repaît une certaine jeunesse dévoyée :

— Ah ! pauvres jeunes gens, ne voyez-vous donc pas qus cela est immédiatement au-dessous de rien ?

IV

La Bruyère, nous l'avons déjà dit, parlait peu.

(1) C'est une note de M. J. Labbé, que nous faisons nôtre, comme tant d'autres commentaires du consciencieux annotateur. Son édition des *Caractères* est un fidèle résumé du dernier mot de la critique contemporaine sur la Bruyère, résumé auquel le savant agrégé a joint beaucoup d'observations personnelles. Nous continuerons à lui faire d'utiles emprunts.

Par compensation, il observait beaucoup.

Il s'est d'ailleurs peint lui-même, ouvrant de grands yeux et de non moins grandes oreilles, au milieu de cette société parisienne, qui ne se doutait guère qu'un aussi fin portraitiste prenait sa mesure.

« L'on se donne à Paris, sans se parler, comme un rendez-vous public, mais fort exact, tous les soirs au Cours ou aux Tuileries, pour se regarder au visage et se désapprouver les uns les autres.

« L'on ne peut se passer de ce même monde que l'on n'aime point, et dont l'on se moque.

« L'on s'attend au passage réciproquement dans une promenade publique ; l'on y passe en revue l'un devant l'autre : carrosse, chevaux, livrées, armoiries, rien n'échappe aux yeux, tout est curieusement ou malignement observé ; et, selon le plus ou le moins de l'équipage, ou l'on respecte les personnes ou on les dédaigne.

« Tout le monde connaît cette longue levée qui borne et qui resserre le lit de la Seine, du côté où elle entre à Paris avec la Marne qu'elle vient de recevoir : les hommes s'y baignent au pied pendant les chaleurs de la canicule ; on les voit de fort près se jeter dans l'eau, on les en voit sortir : c'est un amusement.

« Dans ces lieux d'un concours général, où les femmes se rassemblent pour montrer une belle étoffe, et pour recueillir le fruit de leur toilette, on ne se promène pas avec une compagne par la nécessité de la conversation ; on se joint ensemble pour se rassurer sur le théâtre, s'apprivoiser avec le public, et se raffermir contre la critique : c'est là précisément qu'on se parle sans se rien dire, ou plutôt qu'on parle pour les passants, pour ceux même en faveur de qui l'on hausse sa voix ; l'on gesticule et l'on badine, l'on penche négligemment la tête, l'on passe et l'on repasse.

« La ville est partagée en diverses sociétés, qui sont comme autant de petites républiques, qui ont leurs lois, leurs usages, leur jargon et leurs mots pour rire ; tant que cet assemblage est dans sa force et que l'entêtement subsiste, l'on ne trouve rien de bien dit ou de bien fait que ce qui part des siens, et l'on est incapable de goûter ce qui vient d'ailleurs ; cela va jusques au mépris pour les gens qui ne sont pas initiés dans leurs mystères. L'homme du monde d'un meilleur esprit, que le hasard a porté au milieu d'eux, leur est étranger : il se trouve là comme dans un pays lointain, dont il ne connaît ni les routes, ni la langue, ni les mœurs, ni la coutume » (1).

La Bruyère s'y rendait, lui aussi, mais il ne se mêlait pas aux groupes, aux cercles, « aux petites républiques », autrement que pour les observer, et inscrire, en rentrant au logis de la rue Chapon, ses notes sur le précieux registre d'où sortira, après tant d'années de méditation, l'une des plus beaux chefs-d'œuvre qui illustreront à jamais notre littérature.

V

Qu'on ne s'imagine pas toutefois que cet observateur critique, malin, mais rarement chagrin, manquât de cœur.

« Il y avait en lui, dit M. Taine (2), un fond

___

(1) Chap. VII, *de la Ville,* depuis le n° 1 jusqu'au n° 7.

(2) *Nouveaux Essais de critique et d'histoire,* p. 48.

de grâce et de tendresse qui perce par places, mais qui est presque partout recouvert par l'âpre et piquante satire. Le chapitre du *Cœur* et celui des *Femmes* sont semés de traits nobles, touchants, exquis, qui font contraste avec la verve mordante du reste, et laissent deviner ce qu'il aurait pu être, si les circonstances ne l'eussent détourné vers un genre plus violent et plus triste.

« Quelque désintéressement qu'on ait à l'égard de ceux qu'on aime, il faut quelquefois se contraindre pour eux, et avoir la générosité de recevoir (1). »

Et aussitôt après :

« Celui-là peut prendre, qui goûte un plaisir aussi délicat à recevoir que son ami en sent à lui donner (2). »

« Quel est l'ami qui a inspiré ce mot charmant, digne du chapitre de Montaigne sur la Béotie ? De pareils traits sont des confidences ; l'auteur se dévoile sans y penser : parlant de l'homme en général, il parle de lui-même. »

(1) Chap. IV, n° 41.
(2) Chap. IV, n° 42.

D'où vient donc, se demande encore
M. Taine, que les coups que porte cet observateur, si tendre et si délicat à certaines
heures, sont si perçants et si profonds, qu'on
découvre toujours du ressentiment sous l'éloquence, et une vengeance dans la leçon ?

Sans aller aussi loin que le veut l'éminent
critique, il y a du vrai dans cette explication
qu'il nous donne, après avoir fait remarquer,
chez la Bruyère, le sourire contenu et amer
d'une âme supérieure qui voit qu'on la méprise, et qui rend au centuple, mais en silence,
tout le dédain qu'elle a subi.

« Malheureusement (1), ce sentiment trop
fréquent et trop pénétrant, empoisonne bientôt tous les autres. On finit par devenir incapable de gaieté et même de calme ; on ne
voit plus dans les vices de l'homme la nécessité intérieure qui les rend supportables,
ni dans les ridicules du monde la sottise
agréable qui les rend divertissants. On perd
la philosophie sereine et l'esprit comique ;
on devient satirique et misanthrope ; on se

(1) TAINE, *op. cit.*, p. 52.

plaît aux contrastes violents, aux exagéra-
tions passionnées, aux apostrophes san-
glantes ; on cherche à blesser, à confondre,
à humilier les hommes. On s'attriste et on
les attriste ; on devient tendre, affecté ; on
ne parle plus que par tirades insultantes,
ou par phrases saccadées ; on ne dit rien
sans faire effort ; on ne prêche la sagesse
qu'en s'emportant ; et on se met en colère
pour dire aux hommes d'être modérés et
paisibles.

« Tel est, en effet, le ton habituel de
la Bruyère. Son style, tout parfait qu'il est,
fatigue ; les émotions extrêmes et douloureuses
qui le remplissent se communiquent aux
lecteurs ; on se veut du mal quand on l'a lu,
et on veut du mal à son espèce. Il laisse, avec
plus de force et moins de monotonie, la même
impression que Rousseau. Tous deux ont été
blessés profondément et incessamment par la
disproportion de leur génie et de leur fortune,
et leur chagrin secret a aigri et coloré leur
style. Cette souffrance intérieure a reporté
leurs regards vers les petits et les malheureux ;
Rousseau a écrit le *Discours sur l'inégalité* ;

La Bruyère a fait plus (1) : il a rassemblé dans une phrase tout ce que les réformateurs modernes ont accumulé en vingt ouvrages d'ironie, de véhémence, de douleur et de pitié ; il a dit aux grandes dames qui riaient de « ces paysans bretons obstinés à se faire pendre (2) » :

« L'on voit certains animaux farouches, des mâles et des femelles : répandus par la campagne, noirs, livides, et tout brûlés du soleil, attachés à la terre qu'il fouillent et qu'ils remuent avec une opiniâtreté invincible : ils ont comme une voix articulée, et quand ils se lèvent sur leurs pieds, ils mon-

(1) La parité ne saurait être acceptée sans un tempérament. M. Taine voudra bien, en effet, nous permettre de faire observer que Jean-Jacques, affolé d'orgueil et de noire mélancolie, affecte une misanthropie antichrétienne. La Bruyère, lui, tout en mordant et quelquefois en déchirant à belles dents, reste chrétien. Ce n'est pas lui qui eût demandé à la « conquête jacobine », si merveilleusement fustigée par M. Taine, le remède aux inégalités sociales, dont la superbe et ennuyeuse faconde de Rousseau ne cesse de se plaindre.

(2) Nous aurons occasion de remarquer plus loin qu'on a exagéré le sentiment auquel la Bruyère obéit, en écrivant ce morceau justement célèbre.

trent une face humaine, et en effet ils sont des hommes. Ils se retirent la nuit dans des tanières, où ils vivent de pain noir, d'eau et de racines : ils épargnent aux autres hommes la peine de semer, de labourer et de recueillir pour vivre, et méritent ainsi de ne pas manquer de ce pain qu'ils ont semé (1). »

Et il ajoute :

« Le peuple n'a guère d'esprit et les grands n'ont point d'âme. Celui-là a un bon fond et n'a point de dehors : ceux-ci n'ont que des dehors et une simple superficie. Faut-il opter? Je ne balance pas : *Je veux être peuple!* (2) »

Ce cri est demeuré célèbre. Le xviiie siècle s'y est reconnu et retrouvé tout entier. Pourtant, il y a moins de révolte contre l'inégalité des rangs que d'appel à une plus saine appréciation du vrai mérite, dans ce cri, dont M. Taine a dit : « Jusqu'à l'expression, tout dans cette phrase semble inspiré par l'esprit de la Révolution. C'est ainsi que des situations

(1) Chap. xi, nº 128.
(2) Chap. ix, nº 25.

semblables font naître des passions semblables. L'oppression produit toujours la révolte,
et l'on aime l'égalité cent ans d'avance, lorsque cent ans d'avance on a souffert de l'inégalité. »

Nous croyons que cette appréciation a été
exagérée. La Bruyère, d'instinct, aimait et
recherchait la valeur morale. Les grands
sont-ils moins vertueux, il préfère les petits,
mais à la condition que ceux-ci le seront
davantage. Voilà le sentiment juste, conforme
à l'esprit chrétien. C'est lui qui dictait à notre
moraliste cet anathème ironique à l'endroit
des hobereaux de province :

« Le noble de province, inutile à sa patrie,
à sa famille et à lui-même, souvent sans toit,
sans habit et sans aucun mérite, répète dix
fois le jour qu'il est gentilhomme, traite les
fourrures et les mortiers de bourgeois, occupé
toute sa vie de ses parchemins et de ses titres,
qu'il ne changerait pas contre les masses d'un
chancelier (1). »

(1) Chap. xi, n° 130.

VI

Nous ne saurions abandonner le parallèle que M. Taine s'est complu à établir entre Rousseau et la Bruyère, sans y noter encore un trait, que nous acceptons avec la même réserve pour ce qu'il a d'exagéré au point de vue chrétien.

« Un dernier trait, commun encore à la Bruyère et à Rousseau, achèvera de marquer son caractère, je veux dire la mélancolie incurable, la tristesse épanchée au plus profond de l'âme, la perte de toute illusion, le dégoût des hommes, le sentiment cruel de la misère humaine. Que de mots semblables à ceux-ci :

« Il faut rire avant d'être heureux, de peur de mourir sans avoir ri. La vie est courte et ennuyeuse ; elle se passe toute à désirer : l'on remet à l'avenir son repos et ses joies, à cet âge souvent où les meilleurs biens ont déjà disparu, la santé et la jeunesse. Ce temps arrive, qui nous surprend encore dans les désirs : on en est là, quand la fièvre nous saisit et nous éteint ; si l'on eût guéri, ce n'était que pour désirer plus longtemps (1). »

« Son livre essaye de compter en combien de façons l'homme peut être insupportable.

« Il lui restait, comme à Rousseau, l'amour

(1) Chap. xi, n° 19. On a fait observer que cette pensée en rappelle d'autres analogues de Montaigne et de Pascal. C'est ainsi que notre grand écrivain utilisait, en les faisant siennes, les données des bons auteurs. Montaigne (*Essais*, i, 3), a dit, en effet, avec beaucoup de finesse : « Nous ne sommes jamais chez nous, nous sommes toujours au delà : la crainte, le désir, l'espérance, nous élancent vers l'avenir, et nous dérobent le sentiment et la considération de ce qui est, pour nous amuser à ce qui sera, voire quand nous ne serons plus. » — Pascal : « Nous ne tenons jamais au temps présent... c'est que le présent d'ordinaire nous blesse. Nous le cachons à notre vue, parce qu'il nous afflige, et s'il nous est agréable, nous regrettons de le voir échapper. Nous tâchons de le soutenir par l'avenir, et pensons à disposer les choses qui ne sont pas en notre puissance, pour un temps où nous n'avons aucune assurance d'arriver... Ainsi nous ne vivons jamais, mais nous espérons de vivre ; et, nous disposant toujours à être heureux, il est inévitable que nous ne le soyons jamais. » Et ailleurs : « Le présent ne nous satisfaisant jamais, l'espérance nous pipe, et de malheur eu malheur nous mène jusqu'à la mort qui en est un comble éternel. » Voyez aussi la septième lettre de Pascal à Mlle de Roannez.

de son art, et de plus qu'à Rousseau l'amour de sa religion. Le dernier chapitre des *Caractères* fait contraste avec les autres. Par son christianisme, La Bruyère est du xviiᵉ siècle. Par sa tristesse et son amertume, il est notre contemporain (1) ».

VII

Le titre de Trésorier des finances avait fait de la Bruyère, auparavant simple bourgeois, un écuyer.

« Il y a des gens, disait-il plus tard, qui se couchent roturiers et se lèvent nobles (2) ».

Pour lui, il s'était couché noble, le soir du serment prêté devant la Cour de Rouen, mais, avec un aimable scepticisme à l'endroit de ces anoblissements rapides, il se leva roturier.

La gêne d'ailleurs semblait venue. « Il n'y avait chez M. de la Bruyère, raconte avec une intention méchante un détracteur, d'Argonne,

(1) Taine, *op. cit.*, p. 54.
(2) Chap. ii, nº 1.

qu'une porte à ouvrir et qu'une chambre proche du ciel, séparée en deux par une légère tapisserie. Le vent, toujours bon serviteur des philosophes, courant au-devant de ceux qui arrivaient, levait adroitement la tapisserie, et laissait voir le philosophe, le visage riant et bien content d'avoir l'occasion de distiller dans l'esprit et le cœur des survenants l'élixir de ses méditations (1) ».

Déjà, sans doute alors, il jetait sur quelques-uns des feuillets, qu'il réunira plus tard pour en former un livre, une partie des réflexions détachées qui doivent immortaliser son nom.

Or, à cette époque, tandis qu'il lisait ou méditait « dans une chambre proche du ciel », il fut volé par un laquais, et· la justice ne sut pas retrouver le voleur. De là, chez notre pauvre philosophe sous les toits, la rancune qui s'exhalait en ces termes :

« Si l'on me racontait qu'il s'est trouvé autrefois un prévôt ou l'un de ces magistrats créés pour poursuivre les voleurs et les exter-

(1) *Mélanges d'histoire et de littérature*, p. 336.

miner, qui les connaissait tous depuis long-temps de nom et de visage, savait leurs vols, j'entends l'espèce, le nombre et la quantité, pénétrait si avant dans toutes ces profondeurs et était si initié dans tous ces affreux mystères, qu'il sut rendre à un homme de crédit un bijou qu'on lui avait pris dans la foule au sortir d'une assemblée, et dont il était sur le point de faire de l'éclat ; que le Parlement intervint dans cette affaire, et fit le procès à cet officier ; je regarderais cet événement comme l'une de ces choses dont l'histoire se charge et à qui le temps ôte la croyance : comment donc pourrais-je croire qu'on doive présumer, par des faits récents, connus et circonstanciés, qu'une connivence si pernicieuse dure encore, qu'elle ait même tourné en jeu et passé en coutume ? (1) »

Malgré tout, c'est un détracteur qui le confesse, il gardait « le visage riant ». Mais, comme il avait besoin de « distiller » quelque part « l'élixir de ses méditations », la Providence le mit sur le chemin du

_____

(1) Chap. xiv, nº 53.

plus grand homme du siècle, on a nommé Bossuet.

Bossuet (1), précepteur du Dauphin, avait, à ce titre, ses grandes entrées à la cour, mais il était dispensé, par ses occupations, de l'assiduité des courtisans auprès du roi. Il n'aimait pas le grand commerce du monde, et il vivait à la cour sans autre liaison particulière que celle qui s'entretient par honnêteté et par politesse. Mais son génie, son goût pour les belles-lettres et les hautes études groupèrent autour de lui une troupe de gens choisis, distingués par leur esprit et leur savoir (2).

Là venaient l'évêque de Mirepoix, l'abbé Fleury, le traducteur des *Mille et une nuits*, Galland, le célèbre Pellisson et le créateur du journalisme, Renaudot, l'abbé de Fénelon, l'abbé de Langeron. En un mot, selon le témoignage de l'abbé Le Dieu, le clergé du premier et du second ordre, tous les gens de lettres, et même les magistrats de ce goût,

(1) ALLAIRE, *op. cit.*, p. 108 et suiv.
(2) Cfr. ce que nous avons déjà raconté à ce sujet, dans le premier volume de ces Etudes, consacré à Bossuet.

s'assemblaient volontiers à certaines heures au logis de Bossuet. Dans la belle saison, il y avait rendez-vous à la promenade, où chacun se trouvait à l'heure marquée, à Saint-Germain, à Fontainebleau et à Versailles. A Versailles, cette troupe se faisait remarquer davantage dans le petit Parc, dans l'allée qu'ils avaient surnommée des Philosophes, dans l'Ile royale et ailleurs. Jamais, même quand l'éducation du Dauphin fut terminée, Bossuet ne parut à la cour qu'il ne fût environné de cette troupe d'élite (1).

La Bruyère fut admis, à ce qu'on appelait familièrement entre confrères « le petit Concile ». Mais il aimait à demeurer silencieux au milieu de cette savante société.

« Il n'y a que de l'avantage, disait-il, pour celui qui parle peu : la présomption est qu'il a de l'esprit ; s'il est vrai qu'il n'en manque

(1) L'abbé Le Dieu, dans ses *Mémoires* (p. 136 et 137), entre à cet égard dans un long et intéressant détail. « Son mérite et sa dignité (de Bossuet), dit-il, joints à tant de douceur et de bonté, lui attiraient les respects des petits et des grands dès qu'il se montrait. »

pas, la présomption est qu'il l'a excellent. (1) »

Bossuet cependant, tout grand génie qu'il
fût, se gardait d'imposer sa supériorité, ou,
pour parler exactement, sa royauté aux autres.
La Bruyère, ravi de cette modestie et de
cette condescendance, a tracé ainsi le portrait
du petit concile et de son président :

« Il y a des artisans ou des habiles dont
l'esprit est aussi vaste que l'art et la science
qu'ils professent ; ils lui rendent avec avantage, par le génie et par l'invention, ce qu'ils
tiennent d'elle et de ses principes ; ils sortent
de l'art pour l'ennoblir, s'écartent des règles
si elles ne les conduisent pas au grand et au
sublime ; ils marchent seuls et sans compagnie ; mais ils vont fort haut et pénètrent fort
loin, toujours sûrs et confirmés par le succès
des avantages que l'on tire quelquefois de
l'irrégularité. Les esprits justes, doux, modérés, non seulement ne les atteignent pas, ne
les admirent pas, mais ils ne les comprennent
point, et voudraient encore moins les imiter.

(1) Chap. xii, n° 86.

Ils demeurent tranquilles dans l'étendue de leur sphère, vont jusques à un certain point qui fait les bornes de leur capacité et de leurs lumières ; ils ne vont pas plus loin, parce qu'ils ne voient rien au delà ; ils ne peuvent au plus qu'être les premiers d'une seconde classe, et exceller dans le médiocre. (1) »

· Bossuet était de la première classe, comme on pense bien.

Fleury, Cordemoi, Fleury de Court, l'abbé de Langeron, étaient de la seconde.

(1) Chap. 1, n° 61. Nous ne résistons pas au plaisir de compléter le tableau par cette ombre, qui vient immédiatement après la lumière, quand la Bruyère ajoute : « Il y a des esprits, si je l'ose dire, inférieurs et subalternes, qui ne semblent faits que pour être le recueil, le registre, ou le magasin de toutes les productions des autres génies. Ils sont plagiaires, traducteurs, compilateurs : ils ne pensent point, ils disent ce que les auteurs ont pensé ; et, comme le choix des pensées est invention, ils l'ont mauvais, peu juste, et qui les détermine plutôt à rapporter beaucoup de choses que d'excellentes choses : ils n'ont rien d'original et qui soit à eux : ils ne savent que ce qu'ils ont appris ; et ils n'apprennent que ce que tout le monde veut bien ignorer, une science vaine, aride, dénuée d'agrément et d'utilité, qui ne tombe point dans la conversation, qui est hors de commerce, semblable à une monnaie qui n'a point de cours. » (Chap. 1, n° 62.)

Quant à la Bruyère, modestement, il se classait dans une troisième catégorie, celle des amis du dehors, qui n'assistent point au festin, mais qui ramassent les miettes de la table et s'en trouvent encore heureux.

Or, conclut M. Allaire, les Pères du petit concile lurent, dans l'Ecriture sainte, le livre des Proverbes. Ils admirèrent ce style coupé, qui enfonce dans l'esprit des peuples les maximes de la sagesse plus profondément que ne le feraient les plus belles périodes du style oratoire. Ils vantaient la poésie gnomique des Grecs et les sentences latines de Syrus; mais ils ne trouvaient rien de semblable au livre de Salomon, qui était le premier et le plus grand livre du monde que l'on eût jamais fait.

La Bruyère se crut autorisé par cet exemple à prendre la manière du style de Salomon; il jeta dans ce moule, beaucoup plus large que celui des *Maximes* de la Rochefoucault, et qui pouvait recevoir les conseils d'une morale divine, les modestes observations de la morale humaine.

CHAPITRE IV

A CHANTILLY

Sommaire. — Bossuet fournisseur des princes. — Pourquoi la
Bruyère se décida à abdiquer sa chère indépendance. — L'événement décisif de sa vie. — Comment Bossuet le désigna. —
Portrait de Condé. — Il reçoit la Bruyère à Chantilly. — Les
sept articles du plan d'éducation que Condé discute et établit
avec la Bruyère. — Merveilleuse conception de ces grands
esprits et comment Condé appréciait le mérite. — Les professeurs de Chantilly. — Comment on y vivait. — Les fureurs et
les mimiques de Santeul. — La Bruyère les relève spirituelle-
ment. — L'épreuve du roi. — Une visite de Bossuet. — Ce qui
manquait au triomphe du précepteur. — La première lettre au
prince de Condé. — L'air de cour. — Sa boutade lors de la con-
version du grand Condé. — Il faut opposer aux grands un caractère sérieux. — Une belle page de Prévost-Paradol. — L'exemple lamentable de Santeul. — La Bruyère n'en eut pas besoin
pour se garer des familiarités princières.

I

OSSUET — Fontenelle le raconte —
fournissait ordinairement aux
princes les gens de mérite dont
ils avaient besoin.

Entre tous ces hommes de mérite, le plus
illustre fut la Bruyère.

Comment celui-ci se décida-t-il à accepter et peut-être à solliciter le patronage de Bossuet dans ce but, les biographes se le sont demandé, sans arriver à résoudre le problème.

Pourvu d'une charge et non d'un emploi (1), la Bruyère avait assez « de fermeté et d'étendue d'esprit » pour se passer des occupations que recherche le vulgaire, et « consentir à demeurer chez soi et à ne rien faire » ; il avait « assez de mérite pour jouer ce rôle avec dignité » et « assez de fonds pour remplir le vide du temps ». Il a défini plus tard, en homme qui en sait le prix, la liberté et l'oisiveté du sage.

Il renonça cependant, en 1684, à ce qu'il appellera le « libre usage du temps, le choix du travail et de l'exercice », le droit d'être « seul arbitre de ce qu'on fait ou de ce qu'on ne fait point ».

Dix années pour le moins se sont écoulées où il a pleinement joui de la plus absolue liberté, et une heure vient où elle lui semble « trop grande et trop étendue, telle enfin

(1) SERVOIS, *op. cit.*, p. LVI.

qu'elle ne sert qu'à lui faire désirer quelque chose, qui est d'avoir moins de liberté » (1). Dira-t-on qu'il ne put résister à l'attrait d'une éducation princière ? Céda-t-il à un mouvement d'ambition, en s'attachant à la maison de Condé ? Un revers de fortune l'y avait-il contraint ?

M. Allaire nous semble avoir trouvé le nœud de la question, laissée sans réponse par les précédents historiens.

Jusque-là, dit-il (2), la Bruyère avait étudié

---

(1) La Bruyère l'a en effet écrit : « Il faut en France beaucoup de fermeté et une grande étendue d'esprit pour se passer des charges et des emplois, et consentir ainsi à demeurer chez soi et à ne rien faire. Personne presque n'a assez de mérite pour jouer ce rôle avec dignité, ni assez de fonds pour remplir le vide du temps, sans ce que le vulgaire appelle des affaires. Il ne manque cependant à l'oisiveté du sage qu'un meilleur nom, et que méditer, parler, lire, et être tranquille, s'appelât travailler. » (Chap. ii, n° 12.)

Il l'ajoutait plus tard : « La liberté n'est pas oisiveté ; c'est un usage libre du temps, c'est le choix du travail et de l'exercice : être libre, en un mot, n'est pas ne rien faire, c'est être seul arbitre de ce qu'on fait ou de ce qu'on ne fait point. Quel bien en ce sens que la liberté ! » (Chap. xii, n° 104.)

(2) *Op. cit.*, chap. iv, *passim.*

beaucoup d'individus dans le peuple et la bourgeoisie, parmi les légistes et les lettrés, et même parmi les nobles ; il ne connaissait ni la cour, ni les grands, ni le roi.

Or, qu'était-ce que la société française au dix-septième siècle, sans la cour, les grands et le roi ?

Sainte-Beuve l'a fort ingénieusement remarqué, l'événement décisif de la vie de la Bruyère fut son entrée dans la maison de Condé. « Qu'aurait-il été (1), sans ce jour inattendu qui lui fut ouvert sur le plus grand monde, sans cette place du coin qu'il occupe dans une première loge au spectacle de la vie humaine et de la haute comédie de son temps ? Il aurait été comme un chasseur à qui le gibier manque, le gros gibier, et qui est obligé de se contenter d'un pauvre lièvre qu'il rencontre en plaine. La Bruyère, réduit à observer la bourgeoisie et les lettrés, s'en serait tiré encore ; mais qu'il y aurait perdu ! et que nous y aurions perdu avec lui ! »

(1) *Causerie*. Août 1850.

II

L'éducation du Dauphin avait jeté un si grand éclat sur la personne de Bossuet, qu'on s'adressait toujours à lui pour trouver des hommes capables de faire l'éducation des autres princes de sang royal. Naturellement, il choisissait parmi ses amis ou connaissances ceux qui lui semblaient les plus dignes de cet emploi : il ne prenait pas des docteurs, mais toujours des hommes doctes (1) ; jamais des

(1) M. Allaire fait ici allusion au célèbre Caractère du chapitre *du Mérite personnel,* où la Bruyère a dit si plaisamment, en voulant, dit-on, faire l'éloge de Dom Mabillon : « Un homme à la cour, et souvent à la ville, qui a un long manteau de soie ou de drap de Hollande, une ceinture large et placée haut sur l'estomac, le soulier de maroquin, la calotte de même, d'un beau grain, un collet bien fait et bien empesé, les cheveux arrangés et le teint vermeil, qui avec cela se souvient de quelques distinctions métaphysiques, explique ce que c'est que la lumière de gloire, et sait précisément comment l'on voit Dieu, cela s'appelle un docteur. Une personne humble, qui est ensevelie dans le cabinet, qui a médité, cherché, consulté, confronté, lu ou écrit pendant toute sa vie, est un homme docte. » (Chap. II, n° 25.)

esprits légers et mondains, mais toujours des chrétiens sincères, d'un esprit sérieux et raisonnable.

Il avait mis l'abbé Fleury auprès du duc de Vermandois ; il venait de mettre encore, auprès du duc de Maine, M. de Malezieu et l'abbé Caton de Court, qui furent, dit Fontenelle, nommés par le roi et agréés du public (1). Tout le monde approuvait les choix de Bossuet.

Sans doute, comme l'observe le marquis de Souches (2), on aurait souhaité que, dans l'assemblée du clergé de 1682, M. de Meaux ne se fût pas si fort emporté contre les intérêts du Pape (3) ; mais il avait, pendant la grande faveur de Mme de Montespan, si ouvertement soutenu le roi dans ses desseins de la quitter pour se convertir, et depuis il avait si vaillamment servi l'Eglise catholique par ses

(1) *Eloge de Malezieu.*
(2) *Mémoires,* tome I, p. 110,
(3) Dans le volume consacré à BOSSUET, nous avons raconté cette lamentable histoire et mis, croyons-nous, dans son vrai jour, le rôle de Bossuet en cette occasion, où, comme on l'a dit, son génie retint l'Eglise de France sur la pente menaçante du schisme.

écrits contre les hérétiques, qu'on ne pouvait douter ni de la pureté de sa foi, ni de la finesse de son discernement. C'était le plus vertueux des courtisans.

Le Dieu, qui ne brillait pas précisément par la noblesse de ses sentiments ou la modestie désintéressée de son caractère, rapporte comment M. de Meaux jugeait ses amis après les avoir éprouvés, savait distinguer leur mérite, et les récompensait en leur donnant quelque place qui leur convînt.

« Son discernement (1) était exquis. Il perçait les hommes jusqu'au fond de l'âme, et connaissait fort bien si c'était la vanité, l'intérêt ou l'attachement sincère qui les faisait agir. Il ne disait mot ; il remarquait tout, jusqu'aux manières mêmes de ses gens, qui pouvaient ne lui être pas agréables ; mais il les excusait par bonté, et par l'affection qu'il remarquait en eux. Dans l'occasion, il se souvenait fort à propos de ce qu'on lui avait dit ou fait d'agréable, et il le rapportait lorsqu'on n'y songeait plus. Aussi ne perdit-

(1) *Mémoires de Le Dieu*, p. 114.

il en sa vie aucune occasion de favoriser les siens.

« — On croit, disait-il, que je ne pense qu'à mes livres ; voyez si ce que je viens de faire pour celui-ci ou pour celui-là n'est pas convenable. »

Telle fut la conduite de Bossuet envers la Bruyère, lorsqu'il le fit entrer dans la maison de Condé (1).

Connaître de près Condé dut séduire l'âme élevée et l'esprit curieux de la Bruyère.

Il le peindra du reste, avec amour, dans ce portrait qu'on relit volontiers, même après Bossuet, dont il a d'ailleurs emprunté plus d'un trait : « Æmile était né ce que les plus grands hommes ne deviennent qu'à force de règles, de méditation et d'exercice. Il n'a eu dans ses premières années qu'à remplir des talents qui étaient naturels, et qu'à se livrer à son génie. Il a fait, il a agi avant que de savoir ou plutôt il a su ce qu'il n'avait jamais appris. Dirai-je que les jeux de son enfance ont été plusieurs victoires ? Une vie accompagnée

(1) ALLAIRE, *op. cit.*, p. 129.

d'un extrême bonheur joint à une longue expérience serait illustre par les seules actions qu'il avait achevées dès sa jeunesse. Toutes les occasions de vaincre qui se sont depuis offertes, il les a embrassées ; et celles qui n'étaient pas, sa vertu et son étoile les ont fait naître : admirable même et par les choses qu'il a faites, et par celles qu'il aurait pu faire. On l'a regardé comme un homme incapable de céder à l'ennemi, de plier sous le nombre ou sous les obstacles ; comme une âme du premier ordre, pleine de ressources et de lumières, et qui voyait encore où personne ne voyait plus ; comme celui qui, à la tête des légions, était pour elles un présage de la victoire, et qui valait seul plusieurs légions ; qui était grand dans la prospérité, plus grand quand la fortune lui a été contraire : la levée d'un siège, une retraite l'ont plus ennobli que ses triomphes ; qu'après les batailles gagnées et les villes prises ; qui était rempli de gloire et de modestie ; on lui a entendu dire : *je fuyais*, avec la même grâce qu'il disait : *Nous les battîmes ;* un homme dévoué à l'Etat, à sa famille, au chef de sa famille ; sincère pour Dieu et pour les hommes, autant admirateur du mérite que s'il lui eût été moins propre et moins familier ; un homme vrai, simple, magnanime, à qui il n'a manqué que les moindres vertus (1). »

III

Comme nous l'avons fait pour Bossuet, transportons-nous à Chantilly.

A l'ombre des « allées superbes », tout près de « ces eaux jaillissantes qui ne se taisent ni jour ni nuit (2) », le plus grand capitaine du Grand Siècle, « sans faste et sans ostentation », s'entretient avec le plus grand moraliste des temps modernes.

Le génie rend frères et égaux ceux que les conventions sociales semblent avoir placés à une distance si considérable au regard du vulgaire.

Condé ne tarda point à se reconnaître dans

(1) Chap. ii, n° 32.
(2) *Oraison funèbre du prince de Condé*. Cf. aussi notre volume sur Bossuet, le 1ᵉʳ de la Série. Chap. xv.

l'esprit si fin et si modeste de son nouvel hôte.

On lui avait proposé beaucoup d'autres noms.

Bossuet pensa d'abord à l'abbé Fleury, mais il le réservait pour Versailles.

Il se rejeta sur l'abbé Renaudot, mais Renaudot journaliste n'aurait pas le loisir nécessaire.

Bossuet finit par conseiller à Condé de s'en tenir à La Bruyère.

Le petit-fils de Condé, qui portait alors le titre de duc de Bourbon, avait reçu, au Collège des Jésuites, une excellente éducation. Les pères prirent de cet enfant princier un soin infini, et, s'il ne répondait pas mieux à leur sollicitude, c'est que tout leur zèle se heurtait à ce terrible mal héréditaire des Condé, qui ne laissait pas aux éducateurs la surface intellectuelle ou, pour mieux dire, mentale, nécessaire à l'équilibre des facultés humaines.

Les pères Alleaume et du Rosel avaient suivi leur élève à la sortie du collège. Ils doivent l'instruire, encore un an, sur l'histoire sainte et le gouvernement de la Providence dans les annales des nations.

C'est alors seulement que la Bruyère sera chargé de tout. Il aura six grandes heures par jour à travailler avec le duc de Bourbon.

Condé discute avec le précepteur le programme des études de son petit-fils.

Le voici, tel qu'ils l'arrêtèrent de concert et que M. Allaire l'a extrait de la correspondance de notre moraliste avec le héros de Rocroy :

1° Il était indispensable pour le duc de Bourbon de savoir au moins les éléments du métier de soldat : les occasions que Dieu, le roi ou la fortune, lui offriront plus tard, décideront seules la question de savoir s'il en a les capacités. M. Sauveur (1) lui enseignera

(1) Sauveur, de famille pauvre, avait été remarqué de Bossuet, à cause de ses aptitudes vraiment extraordinaires pour la géométrie. Géomètre de profession, ce titre nouveau alors piqua la curiosité de quelques dames, en particulier de Mme de la Sablière. Le roi et la reine voulurent l'entendre et il alla, à Chantilly, avec Mariotte, faire des expériences d'hydrostatique sur les belles eaux qui ne se taisaient ni jour ni nuit. Un jour, dit Fontenelle, que Sauveur entretenait M. le Prince sur quelque matière de science en présence de deux autres savants, ou qui faisaient profession de

les sciences militaires ; mais, avant de commencer la fortification, il continuera à expliquer ce qui est nécessaire de l'arithmétique et de la géométrie.

2° M. le duc de Bourbon va être obligé d'être un homme politique : il faut donc qu'il étudie avec soin la science particulière des politiques, celle qui, disait l'évêque de Meaux, forme la prudence des princes et enrichit leur sagesse naturelle par l'expérience d'autrui, l'histoire. M. de la Bruyère exposera de vive

l'être, ils lui coupèrent la parole, ce qui n'était jamais difficile (Sauveur, absolument dénué d'esprit littéraire et gêné dans les organes de la parole, s'exprimait avec quelque difficulté), et se mirent à expliquer ce qu'il avait entrepris. Quand ils eurent fini, le Prince leur dit : « Vous avez cru que Sauveur ne s'entendait pas bien, parce qu'il s'exprime avec peine ; mais je le suivais et je l'entendais parfaitement. Vous m'avez parlé beaucoup plus éloquemment que lui, mais je ne vous ai pas compris, et peut-être ne vous comprenez-vous pas vous-mêmes. » Sauveur profita de ses voyages à Chantilly pour écrire un traité de fortification. Quel oracle n'avait-il pas là ! s'écrie M. Allaire. L'oracle lui rendit pleine justice, et, dès qu'il fut question de Sauveur pour enseigner les mathématiques et la fortification à M. le duc de Bourbon, M. le Prince l'accepta sans difficulté.

voix les principales actions des rois qui depuis
Charles VII ont régné sur la France, et le
jeune prince fera des résumés de ses leçons
par écrit, comme le Dauphin avait fait pour
les leçons de M. de Meaux.

3° Mais on ne peut comprendre ni la politique ni l'histoire, si l'on ne sait bien la géographie, qui est aussi de la plus grande utilité
pour la guerre. Malheureusement, cette science
n'était alors qu'une série fastidieuse de noms
aussi difficiles à apprendre que faciles à oublier. Pour aider la mémoire du duc de Bourbon et développer son intelligence, M. de
la Bruyère y ajoutera l'étude des gouverne-
ments et se bornera à décrire les frontières
de France et les pays voisins qui ont le plus
de rapports, en paix et en guerre, avec le
royaume et la cour de France.

4° Il eût été vraiment honteux et funeste à
un prince du sang d'ignorer sa propre famille
et celles qui lui étaient alliées. Mme de La
Fayette avait peut-être écrit sur ce point de
sages réflexions. La Bruyère fut chargé d'enseigner la généalogie historique, en commen-
çant par la maison de France pour finir aux

principales familles étrangères qui s'y étaient rattachées. Cela comprenait seulement les grands noms de l'histoire, mais ne laissait pas les Richelieu de côté.

5° Après cela, puisque le duc de Bourbon devait vivre à la cour, puisqu'il devait avoir la survivance, que son père lui destinait, de grand maître de la maison du roi, il fallait bien qu'il connût les diverses fonctions, l'ordre, le rang et les noms de ceux qui s'y trouvaient ; c'est pourquoi il lira avec M. de la Bruyère le livre de l'*Etat de France* (1), au moins le premier volume, réimprimé à part, et souvent, presque tous les deux ans : on y trouvait sur la maison du roi tout ce qu'il était nécessaire aux courtisans de bien connaître. Si la Bruyère eût été obligé de faire cette lecture tout seul, il y eût pris fort peu d'intérêt ; mais, avec le duc de Bourbon, qui connaît mieux le sujet que son maître, il s'instruira et s'amusera des réflexions du jeune prince, sauf à se moquer de l'abbé Besogne, quand l'auteur les énumérera par de longs et inutiles discours,

(1) Par l'abbé Besogne.

comme il avait ennuyé le Dauphin en prêchant devant lui. Mais M. le Duc (1) considérait l'Etat de France comme la plus sérieuse de toutes les études, et la Bruyère dut s'en faire un devoir rigoureux.

6° En même temps, pour se distraire, M. le Duc de Bourbon étudiera, avec M. de la Bruyère, dans les *Métamorphoses* d'Ovide, ce qu'on appelait la Fable. Les Grecs et les Romains dominaient au théâtre, dans la poésie, dans les beaux-arts : étudier leur mythologie dans Ovide, c'était faire ce que l'on appellerait aujourd'hui un cours de littérature amusante.

7° Enfin, pour grouper toutes ces connaissances dans un cadre philosophique assez vaste et assez neuf, la Bruyère expliquera la doctrine cartésienne à M. le duc de Bourbon, en lisant avec lui le livre de M. Descartes

(1) C'était le titre qu'on donnait au fils de Condé, père de l'élève de la Bruyère. Voici du reste, pour l'intelligence de ce qui va suivre, comment on les désignait d'ordinaire. Le grand Condé s'appelait *Monsieur le Prince*, son fils *Monsieur le Duc* et son petit-fils *Monsieur le Duc de Bourbon.*

intitulé *les Principes ;* il ne devra pas tant s'appliquer à suivre le système dans ses détails les plus hardis, qu'à en extraire ce qu'il y a de plus solide et de plus facile à comprendre. En un mot, dans la philosophie comme en tout le reste, M. le Duc de Bourbon devait éviter tout ce qui sentait l'école, s'en tenir à ce qui était indispensable pour soutenir son rang à la cour, et répondre aux vues et aux desseins de Sa Majesté.

Après avoir tiré pièce à pièce et reconstitué avec une sagacité aussi patiente qu'ingénieuse ces sept articles des lettres échangées à ce sujet entre Condé et la Bruyère, M. Allaire conclut fort à propos :

Ce programme des études de M. le Duc de Bourbon à Chantilly nous fait mieux voir que tout commentaire la position de la Bruyère dans la maison de Condé, et nous en donne la mesure exacte. Mais ce programme ne nous montre pas avec quelle prudence M. le Prince considérait les avantages qu'il pouvait tirer, pour son petit-fils, des maîtres qui lui étaient attachés. Avec quelle vivacité il saisissait en un moment les personnes, leurs intérêts, leurs talents, et même leurs humeurs et leurs caprices! Avec quelle facile compréhension de tout le détail et du plan général de cette éducation il indiquait à chacun ce qu'il devait faire, ce qu'il devait dire, ce qu'il savait, ce qu'il ne savait pas! Rien n'échappait à sa prévoyance, et il donnait ses ordres avec tant de netteté et de douceur, d'un ton si ferme et si posé, que tout le monde obéissait avec joie et faisait son devoir avec une sûreté infaillible (1).

IV

Par une merveilleuse conception des nécessités de l'éducation, Condé voulait que la plus grande union régnât entre toutes les personnes appelées à concourir à celle de son petit-fils. Il leur raconta, pour leur montrer la nécessité absolue de rester unis, une anecdote qui prouvait la futilité habituelle des motifs de brouille entre gens qui ont intérêt à rester d'accord. L'anecdote plut fort à la Bruyère qui l'a consignée dans son livre :

(1) ALLAIRE, chap. VIII, p. 183-185.

« G** et H** sont voisins de campagne, et leurs terres sont contiguës ; ils habitent une contrée déserte et solitaire. Eloignés des villes et de tout commerce, il semblait que la fuite d'une entière solitude ou l'amour de la société eût dû les assujettir à une liaison réciproque ; il est cependant difficile d'exprimer la bagatelle qui les a fait rompre, qui les rend implacables l'un pour l'autre, et qui perpétuera leurs haines dans leurs descendants. Jamais des parents, et même des frères, ne se sont brouillés pour une moindre chose. »

Le moraliste ajoutait :

« Je suppose qu'il n'y ait que deux hommes sur la terre, qui la possèdent seuls et qui la partagent toute entre eux deux : je suis persuadé qu'il leur naîtra bientôt quelque sujet de rupture, quand ce ne serait que pour les limites (1). »

Pour obéir aux sages instructions de Condé, tous ces vertueux célibataires, qui s'occupaient à titres divers de l'éducation de son petit-fils, vivaient à Chantilly dans une union parfaite.

(1) Chap. v, n° 47.

Ils avaient adopté, pour y parvenir, la méthode
et les règlements du Petit Concile. La Bruyère,
venu à Chantilly avec des préventions, fut
bientôt aussi charmé de ses confrères qu'il
était ravi de son hôte princier. Il a célébré
les charmes de cette entente cordiale :

« Le plaisir de la société se cultive par une
ressemblance de goût sur tout ce qui regarde
les mœurs, et par quelques différences d'opi-
nions sur les sciences : par là, ou l'on s'affer-
mit et l'on se complaît dans ses sentiments,
ou l'on s'exerce et l'on s'instruit par la dispute (1). »

Avec les jésuites, le nouveau précepteur faisait très bon ménage.

Comme l'un d'eux, le célèbre père Rapin,
bête noire des jansénistes qu'il n'aimait d'ailleurs pas plus que lui, la Bruyère, de plus en
plus séduit, aimait à répéter, à propos des
embellissements de Condé à Chantilly :

— Tout bien considéré, c'est une espèce de
miracle que cette maison : il a fallu un aussi
grand ouvrier qu'est ce prince pour tirer tant

(1) Chap. v, n° 61.

de beautés d'une ancienne masure de la maison de Montmorency, et pour faire ce qu'il y a de plus accompli dans le royaume d'un vieux château qui n'avait rien de beau ni de régulier (1).

Les académiens du XXe siècle, entrés en possession de cette merveille architecturale, grâce à la générosité du duc d'Aumale, héritier des Condé, ne contrediront point au jésuite ni au moraliste, pas plus que l'esprit libéral et égalitaire de notre XIXe siècle n'a contredit aux applaudissements que Rapin comme la Bruyère prodiguaient à l'esprit large de M. le Prince, laissant chacun de ses dévoués collaborateurs à l'indépendance de leur personnalité.

Chacun des hôtes de Chantilly gardait son quant-à-soi. Libre même à lui de s'estimer plus haut que ses confrères, pourvu que cette estime ne se traduisît pas trop au dehors. La Bruyère l'observa malignement :

« Il est ordinaire comme naturel de juger du travail d'autrui seulement par rapport à

(1) RAPIN, *du Grand et du Sublime*, p. 58.

celui qui nous occupe. Ainsi le poète rempli de grandes et sublimes idées estime peu le discours de l'orateur, qui ne s'exerce souvent que sur de simples faits ; et celui qui écrit l'histoire de son pays ne peut comprendre qu'un esprit raisonnable emploie sa vie à imaginer des fictions et à trouver une rime : de même le bachelier, plongé dans les quatre premiers siècles, traite toute autre doctrine de science triste, vaine et inutile, pendant qu'il est peut-être méprisé du géomètre (1). »

L'historien, était-ce Bossuet ? Nous n'en savons rien, mais c'est fort possible, et, en tout cas, celui-là avait bien quelque droit à se coter un peu haut.

Le bachelier en théologie pouvait bien être aussi quelque professeur de dogmatique chrétienne, disons-le, peut-être l'un des deux jésuites qui avaient suivi leur ancien élève à Chantilly, où les fixaient la confiance de l'aïeul et la tendre reconnaissance du jeune prince.

(1) Chap. xii, n° 62.

Mais, à coup sûr, le géomètre, c'est Sauveur, et le poète, c'est Santeul.

Santeul plaisait beaucoup au grand Condé. Saint-Simon, dans ses *Mémoires*, n'a eu garde de l'omettre :

« M. le Prince, dit-il, l'avait presque toujours à Chantilly quand il y allait ; M. le Duc le mettait de toutes ses parties ; c'était de toute la maison de Condé à qui l'aimait le mieux, et des assauts continuels avec lui de pièces d'esprit en prose et en vers, et de toutes sortes d'amusements, de badinages et de plaisanteries. »

Mais le poète avait ses susceptibilités et ses ombrages, et l'effarouchement succédait tout d'un coup chez lui au trop de privance. La Bruyère, chargé de raccommoder ces petites déchirures, écrivait à Santeul, ou le chapitrait quelquefois dans l'embrasure d'une croisée ; mais Santeul était difficile à former, et il fallait toujours en revenir sur son compte à cette conclusion du grand moraliste et du « censeur amical », qui lui disait :

— Je vous ai fort bien défini la première fois : vous êtes le plus beau génie du monde et la plus fertile imagination qu'il soit possible de concevoir ; mais, pour les mœurs et les manières, vous êtes un enfant de douze ans et demi (1).

La Bruyère ne se montra pas toujours « censeur aussi amical » que le veut Sainte-Beuve. N'est-ce pas Santeul qui a inspiré cette boutade :

« Il y a de certaines choses dont la médiocrité est insupportable : la poésie, la musique, la peinture, le discours public.

« Quel supplice que celui d'entendre déclamer pompeusement un discours, ou prononcer de médiocres vers avec toute l'emphase d'un mauvais poète ! (2) »

Le trait final vise droit la déclamation tapageuse du pauvre Santeul, immortalisée par Boileau. Il avait aussi la manie de citer du latin à tout propos.

En vain Molière, dans le *Médecin malgré lui,* avait-il fustigé ce travers. On avait beaucoup ri, à la Comédie, au dialogue fa-

(1) Sainte-Beuve, *Causeries du lundi*, t. XII, p. 47.
(2) Chap. i, n° 7.

meux (1). Santeul ne s'était pas corrigé. La Bruyère le tance vertement à son tour :

« *Lucain a dit une jolie chose ; il y a un beau mot de Claudien ; il y a cet endroit de Sénèque ;* et là-dessus une longue suite de latin que l'on cite souvent devant des gens qui ne l'entendent pas, et qui feignent de l'entendre. Le secret serait d'avoir un grand sens et bien de l'esprit ; car, ou l'on se passerait des anciens, ou, après les avoir lus avec soin, l'on saurait encore choisir les meilleurs, et les citer à propos (2). »

Alors, dit M. Allaire, Santeul (3), prêt à sauter aux yeux de la Bruyère, s'agitait et criait contre les historiens et leur froide critique ; il écrasait de ses mépris la stérilité de leur imagination ; il se roulait presque à terre pour peindre la bassesse rampante de leur

(1) « SGANARELLE. Entendez-vous le latin ? — GÉRONTE. En aucune façon. — SGANARELLE. Vous n'entendez point le latin ? — GÉRONTE. Non. — SGANARELLE. *Cabricias, ancithuram, catalamus ;* singulariter nominativo, *hæc musa,* la muse, *bonus, bona, bonum,* etc. »

(2) Chap. v, n° 73.

(3) Chap. xii, n° 86.

esprit, il se relevait pour montrer la grandeur des poètes, il tonnait, pour ainsi dire, la puissance de leur génie ; il tempêtait en proclamant leur gloire, qui a rendu les héros immortels.

La Bruyère répondait froidement :

« La vie des héros a enrichi l'histoire, et l'histoire a embelli les actions des héros ; ainsi je ne sais qui sont plus redevables, ou ceux qui ont écrit l'histoire à ceux qui leur en ont fourni une si noble matière, ou ces grands hommes à leurs historiens.

« Amas d'épithètes, mauvaises louanges : ce sont les faits qui louent, et la manière de les raconter (1). »

Pour conserver la dernière manche, Santeul se remettait à louer à outrance et à chanter, sur le lyrisme le plus échevelé, les gloires de son hôte, avec les horoscopes du petit-fils. Condé s'en impatientait. La Bruyère venait alors au secours du poète courtisan :

— C'est, disait-il, un homme de bien qui

(1) Chap. I, n° 12.

dit ridiculement des choses vraies, et follement des choses sensées et favorables (1).

V

Une heure arrivait cependant, à la fin de la journée, où la Bruyère, mis à son tour sur la sellette, passait de mauvais instants.

Le soir, à Chantilly, M. le Prince avait l'habitude d'interroger son petit-fils sur ce que le précepteur lui avait enseigné dans la journée. La Bruyère, nouveau-venu et déjà fort avant dans la faveur de Condé, ne pouvait manquer de susciter des jalousies parmi les courtisans et les anciens compagnons d'armes du héros.

Aussi, quelle explosion de murmures, dès que Condé émettait, sur un point d'histoire, une opinion opposée à celle du professeur ! Mais ces murmurateurs n'étaient guère compétents. Leur victime le leur rappelait de façon piquante :

(1) Chap. xii, n° 56.

— La faveur des princes n'exclut pas le mérite, mais elle ne le suppose pas aussi (1).

Mais, Condé relevait noblement les injustices de ses vieux gentilshommes. Il comblait la Bruyère d'éloges et le silence s'établissait autour du moraliste.

Un autre sujet de joie lui vint de l'homme qui lui avait appris à connaître Condé.

C'était le 10 février 1686.

La Bruyère donnait sa leçon et le prince son élève, dans ses bons jours, car il était fort inégal, l'écoutait avec un plaisir visible. Tout à coup, sans s'être fait annoncer, parut le grand évêque, l'homme le plus vénéré du Grand Siècle, Bossuet.

Il s'assit modestement à l'autre bout de la table, et demeura fort attentif.

La séance fut longue. Quand elle finit, comme Condé, Bossuet charmé déclara bien haut qu'il prenait le précepteur du jeune prince sous sa protection.

Il sortit fort content, disent les Mémoires, et ne manqua pas d'en rendre compte à M. le Prince.

(1) Chap. xii, n° 6.

Que manquait-il donc au triomphe de la Bruyère, pour le rendre complet ?

Hélas ! c’est lui-même qui le dit, qu’il est difficile d’être content ! (1)

Or, les distractions de la cour tiraient en sens divers son inconstant disciple. Il aurait voulu le faire travailler à Versailles comme à Chantilly. Il écrivait alors à Condé (2) :

— Je voudrais de toute mon inclination avoir six grandes heures par jour à bien employer auprès de Son Altesse : je vous annoncerais d’étranges progrès, du moins pour mon fait et sur les choses qui me regardent. Et si j’avais l’honneur d’être chargé de tout, comme j’ai eu le plaisir de le croire, j’en répondrais aussi sûrement ; mais j’ai des collègues, et qui font mieux que moi et avec autant de zèle. Vous devez du moins être très persuadé, Monseigneur, que le peu de temps que j’use auprès de M. le Duc de Bourbon lui est fort utile, qu’il sait très bien ce que je lui ai appris, qu’il n’est pas aisé même

(1) Chap. iv, n° 65.
(2) Lettre 1re.

de le mieux savoir, et que je viserai toujours à ce qu'il emporte de toutes mes études ce qu'il y a de moins épineux et ce qui convient à un grand prince. »

La Bruyère manquait de souplesse. Il ne s'appliquait pas assez à prendre cet air de cour dont il écrivait cependant :

« L'air de cour est contagieux : il se prend à Versailles, comme l'accent normand à Rouen ou à Falaise ; on l'entrevoit en des fourriers, en de petits contrôleurs, et en des chefs de fruiterie (1) ; l'on peut, avec une portée d'esprit fort médiocre, y faire de grands progrès. Un homme d'un génie élevé et d'un mérite solide ne fait pas assez de cas de cette espèce de talent pour faire son capital de l'étudier et se le rendre propre ; il l'acquiert sans réflexion et il ne pense point à s'en défaire (2). »

(1) Les fourriers, placés sous les ordres des maréchaux des logis, marquaient les logis pour le roi et la cour, quand le roi voyageait. — Les contrôleurs ordonnaient, surveillaient et vérifiaient les dépenses de bouche de la maison du roi. — Les chefs de fruiterie préparaient les fruits, disposaient le dessert, fournissaient les bougies pour les lustres et girandoles.

(2) Chap. VIII, n° 14.

Eh non ! il n'était pas assez courtisan, puisque, au milieu de la joie générale qui accueillit le retour de Condé à la pratique des sacrements, notre moraliste un peu chagrin, malgré son ardente sympathie pour le nouveau converti, ne peut s'empêcher d'écrire :

« Un homme est fidèle à de certaines pratiques de religion, on le voit s'en acquitter avec exactitude : personne ne le loue ni ne le désapprouve, on n'y pense pas. Tel autre y revient après les avoir négligées dix années entières : on se récrie, on l'exalte ; cela est libre : moi, je le blâme d'un si long oubli de ses devoirs, et je le trouve heureux d'y être rentré (1). »

Aussi, le père de son élève lui-même tournait souvent en dérision le précepteur de son fils. C'était d'un bien mauvais exemple. La Bruyère ne s'en offensait pas outre mesure.

« Quelque profonds que soient les grands de la cour, et quelque art qu'ils aient pour paraître ce qu'ils ne sont pas, et pour ne point

(1) Chap. xii, n° 89.

paraître ce qu'ils sont, ils ne peuvent cacher leur malignité, leur extrême pente à rire aux dépens d'autrui, et à jeter un ridicule souvent où il n'y en peut avoir ; ces beaux talents se découvrent en eux du premier coup d'œil : admirables sans doute pour envelopper une dupe et rendre sot celui qui l'est déjà, mais encore plus propres à leur ôter tout le plaisir qu'ils pourraient tirer d'un homme d'esprit, qui saurait se tourner et se plier en mille manières agréables et réjouissantes, si le dangereux caractère du courtisan ne l'engageait pas à une fort grande retenue. Il lui oppose un caractère sérieux, dans lequel il se retranche ; et il fait si bien que les railleurs, avec des intentions si mauvaises, manquent d'occasions de se jouer de lui (1). »

M. Prévost-Paradol a parfaitement dégagé la vraie situation morale du précepteur, au milieu de toutes ces difficultés (2) :

« Il serait injuste de voir en la Bruyère un misanthrope et de croire qu'il ne savait pas

(1) Chap. ix, n° 26.
(2) *Les Moralistes français*, p. 179 et suiv.

prendre en patience ce qu'il considérait comme inévitable. Il ne se laissait pas aller à « cette jalousie stérile ou à cette haine impuissante contre les grands, qui ne nous venge point de leur splendeur et de leur élévation, et qui ne fait qu'ajouter à notre propre misère le poids insupportable du bonheur d'autrui (1). » Il se gardait de son mieux de toute humiliation ; il évitait avec soin tout abaissement inutile et se résignait à une dépendance nécessaire. Puis, retiré chez lui et la plume à la main, sans autre maître que sa pensée, sans autre souci que celui de bien dire, il faisait passer devant lui cette société superbe et s'appliquait à la juger et à la décrire avec un art laborieux mais délicat, et le plus souvent assez heureux pour graver à jamais ses peintures dans la mémoire des hommes.

« L'honorable domesticité, dans laquelle s'écoula la seconde moitié de sa vie, avait été elle-même précédée d'une existence plus pénible, et pouvait être considérée, plus que les mœurs du siècle, comme le terme de son

(1) Chap. ix, n° 14.

ambition, comme une sorte de récompense. On ne sait qu'imparfaitement comment vécut la Bruyère jusqu'à trente-six ans, livré sans doute à cette « horrible peine (1) » de se faire jour qu'il a indiquée en passant, d'un trait si sobre et si vif, au début de son chapitre sur le *Mérite personnel*.

« *Se faire jour*, pour lui, ne fut autre chose que d'être appelé à enseigner l'histoire au petit-fils du grand Condé. Le voilà donc pour la vie attaché à cette altière famille et à deux princes, dont l'un, le père de son élève, « tenait tout dans le tremblement », tandis que l'autre, le duc, son jeune élève, n'épargnait pas même à ses amis, « des insultes grossières et des plaisanteries cruelles ».

« Ce n'est point la Bruyère, c'est Saint-Simon qui rend d'eux ce témoignage ; mais il n'est point douteux que la Bruyère se tenait avec eux sur ses gardes, se retranchant « dans « le sérieux (2) », évitant la familiarité qui lui

(1) Chap. ii, n° i.
(2) Chap. iv, n° 26.

eût été bientôt rendue en mépris, et forçant la considération par le respect.

« Il avait sous les yeux l'utile et affligeant spectacle de Santeul, qui, s'étant livré sans réserve à la familière et dangereuse gaieté de cette maison, expiait par des injures, que la Bruyère n'aurait pu souffrir, la facilité imprudente et presque enfantine de son commerce. On sait que Santeul reçut un jour, en pleine table, un soufflet de Mme la Duchesse, suivi, pour le calmer, d'un verre d'eau jeté à la figure ; il se contenta de chanter en beaux vers latins cette colère d'une déesse contre un favori des Muses. Santeul mourut-il, comme Saint-Simon le raconte, d'une plaisanterie de M. le Duc, qui aurait vidé sa tabatière dans un verre de vin de Champagne et qui le lui aurait fait boire « pour voir ce qui arriverait » ? On n'en est pas bien sûr ; ce qui n'est que trop certain, c'est que la vie de Santeul aurait servi d'avertissement à la Bruyère, si la Bruyère avait eu besoin d'être averti. Mais la Bruyère était conduit en ces matières par un instinct délicat et sûr, et en montrant sans cesse qu'il n'oubliait point ce qu'il devait à autrui, il empêchait qui que ce fût d'oublier ce qu'on lui devait à lui-même. Il disait volontiers et écrivait même à Bussy-Rabutin : « Les altesses à qui je suis » ; mais il n'était à ces altesses que dans la mesure où les mœurs du temps permettaient au plus honnête homme et à l'esprit le plus libre de leur appartenir. »

CHAPITRE V

DE MAITRE A ÉLÈVE

Sommaire. — Il y avait un mystère dans la maison de Condé. — En quel sens la Bruyère s'affectionna à cette infortune. — Portrait de M. le Duc, d'après Saint-Simon et les contemporains. — Hermippe. — Portrait de l'élève de la Bruyère. — Conseil à Théagène. — Prétention des princes de tout savoir. — Inconnu dans la foule des courtisans. — Qui est cet homme ? — Ce que vaut la faveur des grands. — La Bruyère n'entendait pas raillerie. — Un cri de noble indignation. — Un autre cri. — Condé dirige et instruit le précepteur de son petit-fils. — Bossuet. — La Bruyère devient comme un gentilhomme. — Il apprend à se bien tenir à sa place. — Colère de la grande Mademoiselle. — Un diamant bien mis en œuvre. — Les railleries pénibles à supporter. — Bossuet console le moraliste blessé. — Il se fait un grand changement dans l'élève de la Bruyère. — A la mort de Condé, grâce à Bossuet, la Bruyère est attaché à perpétuité au service de ses élèves princiers. — Il y mourra.

I

Il y avait un mystère dans la maison de Condé.

Lorsque M. le Prince mourut, il laissa au Roi cette recommandation suprême de « faire quelque chose qui regardait Mme la Princesse ». Le roi le fit, et la veuve de Condé demeura renfermée à Châteauroux jusqu'à sa mort, en 1694. Personne ne parla plus d'elle, elle était déjà ensevelie dans le silence d'une sépulture anticipée.

Quel est donc ce mystère, qui revient sans cesse obscurcir l'histoire de la maison de Condé ?

Nos contemporains, en rapprochant des témoignages divers, l'ont deviné et révélé.

Condé avait, contre son gré d'ailleurs, épousé la fille d'une folle, et cette malheureuse épouse du plus grand capitaine du Grand Siècle ne tarda pas à donner des signes non équivoques d'aliénation mentale. Cela commença par des manies. « Elle croyait, dit Tallemant des Réaux, avoir froid à un petit endroit au-dessus de la main, et passait tout le jour à mettre des gouttes de résine, quelquefois jusqu'à cinq cents, et puis à les ôter selon qu'il lui semblait que la partie se réchauffait. Elle se croyait aussi en verre, et ne voulait pas s'asseoir de peur de se casser. »

Exilée à Châteauroux, son mal augmenta et bientôt il devint impossible de la laisser sortir. L'infortunée avait transmis une partie de son état mental à son fils, le père de l'élève de la Bruyère, et l'enfant avait hérité du legs fatal.

Cette terrible conviction empoisonna l'existence du grand Condé. Il suivait, d'un œil inquiet, les premières manifestations du mal, qui déjà avait éclaté chez son fils, et qui perçait à certaines heures dans son petit-fils. Hélas ! la maladie ne s'éteindra jamais. L'historien attentif en suit la trace dans le fils de Condé, dans l'élève de la Bruyère, et jusqu'au XIXᵉ siècle dans beaucoup de leurs descendants, jusqu'à la catastrophe fatale qui mit fin à l'illustre maison de Condé.

A ce point de vue et à l'aide de ce flambeau, bien des obscurités s'éclaircissent dans l'histoire de la Bruyère. On se prend à admirer et à aimer le philosophe, qui s'attache à ses altesses, en proportion de leur infortune mystérieuse. Il les sert, il les affectionne par goût, par estime, par compassion surtout, mais d'une affection bien désintéressée.

L'histoire vaut la peine d'en être contée par son détail parfois navrant.

II

La Bruyère se heurta tout d'abord au père de son élève.

« Personne (1), dit Saint-Simon, n'a eu plus d'esprit et de toutes sortes d'esprits, ni rarement tant de savoir en presque tous les genres, et pour la plupart à fond, jusqu'aux arts et aux mécaniques, avec un goût exquis et universel (que Monsieur le Duc)... Et quand il voulait plaire, jamais avec tant de discernement, de grâces, de gentillesse, de politesse, de noblesse, tant d'art caché coulant comme de source.... Jamais aussi tant de talents inutiles, tant de génie sans usage, tant et si continuelle et si vive imagination, uniquement propre à être un bourreau et le fléau des autres ; jamais tant d'épines et de danger dans le commerce, tant et de si sordide avarice, et de ménages bas et honteux, d'injustices, de rapines, de violences ; jamais encore tant de hauteur ;.... jamais, en même temps,

(1) Tome VI, p. 327 et suiv. (édition de 1823).

une si vile bassesse : fils dénaturé, cruel père, mari terrible, *maître détestable*,... sans amitié, sans amis, incapable d'en avoir, jaloux, soupçonneux, inquiet sans aucun relâche, plein de manèges et d'artifices à découvrir et à scruter tout, à quoi il était occupé sans cesse, aidé d'une vivacité extrême et d'une pénétration surprenante ; colère et d'un emportement à se porter aux derniers excès, jamais d'accord avec lui-même, et tenant tout chez lui dans le tremblement ; à tout prendre, la fougue et l'avarice étaient ses maîtres.... »

Il faudrait citer en entier ce *caractère* : mari, il faisait de sa femme « sa continuelle victime », allant jusqu'aux injures et aux « coups de pied et de poing » ; père, il fit mourir l'une de ses filles sous le poids du joug dont il l'accablait, et auquel eût été préférable « la condition des esclaves ». Pour ce qui nous touche, il fut un « maître détestable ». Saint-Simon, qui rencontra parfois la Bruyère (1), put avoir ses confidences.

(1) *Recueil de différentes choses*, tome II, p. 341 et suiv.

Mieux encore que Saint-Simon, et tout aussi bien que la Bruyère, Lassay connaissait le personnage, et voici comment il le juge :

« .... Tyran de ceux qui dépendent de lui,... incapable d'amitié et de reconnaissance..., souvent il est agité par une espèce de fureur qui tient fort de la folie. Ce ne sont quasi jamais les choses qui en valent la peine, mais les plus petites qui lui causent cette fureur... Il est avare, injuste, défiant au-dessus de tout ce qu'on peut dire ; sa plus grande dépense a toujours été en espions ; il ne peut souffrir que deux personnes parlent bas ensemble : il s'imagine que c'est de lui et contre lui qu'on parle.... En causant avec vous, il vous tend des panneaux et tâche de vous surprendre.... Il vous questionne comme le lieutenant criminel.... Jamais il n'a eu de confiance en personne.... On tremble quand il vous envoie chercher, et on n'entend parler que de punitions et de malheureux dans sa maison.... Il est craint de tout le monde, *haï de ses domestiques* et l'horreur de sa famille. Outre sa méchanceté, son humeur y contribue beaucoup.

Elle est si mauvaise qu'il n'y a personne qui puisse résister » (1).

La Bruyère a noté ses observations à cet égard.

« Dire d'un homme colère, inégal, querelleux, chagrin, pointilleux, capricieux : c'est son humeur, n'est pas l'excuser, comme on le croit, mais avouer, sans y penser, que de si grands défauts sont irrémédiables (2).

« Ce qu'on appelle humeur est une chose trop négligée parmi les hommes ; ils devraient comprendre qu'il ne leur suffit pas d'être bons, mais qu'ils doivent encore paraître tels, du moins s'ils tendent à être sociables, capables d'union et de commerce, c'est-à-dire à être des hommes. L'on n'exige pas des âmes malignes qu'elles aient de la douceur et de la souplesse : elle ne leur manque jamais, et elle leur sert de piège pour surprendre les simples, et pour faire valoir leurs artifices ; l'on désirerait de ceux qui ont un bon cœur qu'ils fussent toujours pliants, faciles, complaisants,

(1) Chap. xi, n° 9.
(2) Chap. xi, n° 10.

et qu'il fût moins vrai quelquefois que ce sont les méchants qui nuisent, et les bons qui font souffrir.

« Le commun des hommes va de la colère à l'injure : quelques-uns en usent autrement, ils offensent, et puis ils se fâchent ; la surprise où l'on est toujours de ce procédé ne laisse pas de place au ressentiment (1). »

« Pas de place au ressentiment ! » voilà bien le fin fond de l'attitude de la Bruyère, vis-à-vis des colères et des injures de son maître. Nous avons le secret de cette générosité d'âme. La pitié l'emportait sur la colère.

Ecoutez comme il en parle, avec un dédain mêlé de compassion :

« Il y a des hommes nés inaccessibles, et ce sont précisément ceux de qui les autres ont besoin, de qui ils dépendent. Ils ne sont jamais que sur un pied ; mobiles comme le mercure, ils pirouettent, ils gesticulent, ils crient, ils s'agitent ; semblables à ces figures de carton qui servent de montre à une fête publique, ils jettent feu et flamme, tonnent et

(1) Chap. XI, n° 11.

foudroient ; on n'en approche pas, jusqu'à ce que, venant à s'éteindre (1), ils tombent, et par leur chute deviennent traitables, mais inutiles (2) ».

Ce qu'il y avait d'étrange dans ce maniaque, la Bruyère l'a noté dans divers de ses portraits, plus spécialement en celui-ci :

« *Hermippe* est l'esclave de ce qu'il appelle *ses petites commodités* ; il leur sacrifie l'usage reçu, la coutume, les modes, la bienséance. Il les cherche en toutes choses, il quitte une

---

(1) « .... Il est si faible et si léger, dit Lassay après avoir parlé de *sa fureur*, que tout cela s'évanouit, et il ressemble assez aux enfants qui font des bulles de savon. Quand sa fureur l'agite, ceux qui ne le connoissent point et qui l'entendent parler croient qu'il va tout renverser ; mais ceux qui le connoissent savent que ces menaces n'ont point de suite, que l'on n'a à appréhender que les premiers mouvements de cette fureur.... » La douceur et la souplesse étaient, en effet, à certaines heures, des traits du caractère du prince. « .... Avec cela un homme dont on avoit peine à se défendre quand il avoit entrepris d'obtenir, par les grâces, le tour, la délicatesse de l'insinuation et de la flatterie, l'éloquence naturelle qu'il employoit.... » (*Mémoires de Saint-Simon*, tome VI, p. 328.)

(2) Chap. ix, n° 32.

moindre pour une plus grande. Il ne néglige aucune de celles qui sont praticables, il s'en fait une étude, et il ne se passe aucun jour qu'il ne fasse en ce genre une découverte. Il laisse aux autres hommes le dîner et le souper, à peine admet-il les termes ; il mange quand il a faim, et les mets seulement où son appétit le porte. Il voit faire son lit : quelle main assez adroite ou assez heureuse pourrait le faire dormir comme il veut dormir ? Il sort rarement de chez soi ; il aime la chambre, où il n'est ni oisif ni laborieux, où il n'agit point, où il *tracasse*, et dans l'équipage d'un homme qui a pris médecine. On dépend servilement d'un serrurier et d'un menuisier, selon ses besoins : pour lui, s'il faut limer, il a une lime ; une scie, s'il faut scier, et des tenailles, s'il faut arracher. Imaginez, s'il est possible, quelques outils qu'il n'ait pas, et meilleurs et plus commodes à son gré que ceux mêmes dont les ouvriers se servent : il en a de nouveaux et d'inconnus, qui n'ont point de nom, productions de son esprit, et dont il a presque oublié l'usage. Nul ne se peut comparer à lui pour faire en peu de temps et sans peine un travail fort inutile. Il faisoit dix pas pour aller de son lit dans sa garde-robe, il n'en fait plus que neuf par la manière dont il a su tourner sa chambre : combien de pas épargnés dans le cours d'une vie ! Ailleurs l'on tourne la clef, l'on pousse contre, ou l'on tire à soi, et une porte s'ouvre : quelle fatigue ! voilà un mouvement de trop, qu'il sait s'épargner, et comment? c'est un mystère qu'il ne révèle point. Il est, à la vérité, un grand maître pour le ressort et pour la mécanique, pour celle du moins dont tout le monde se passe. Hermippe tire le jour de son appartement d'ailleurs que de la fenêtre; il a trouvé le secret de monter et de descendre autrement que par l'escalier, et il cherche celui d'entrer et de sortir plus commodément que par la porte (1). »

III

Le fils valait un peu mieux que le père, grâce aux soins dévoués de ses premiers édu-

---

(1) Chap. xiv, n° 64.

cateurs les jésuites. Mais, hélas! le terrible mal devait souvent prendre les armes. Quel élève pour la Bruyère, et plus tard, quel maître, dans son domestique, dut être celui dont Saint-Simon parle en ces termes :

« C'étoit un homme très-considérablement plus petit que les plus petits hommes, qui, sans être gras, était gros de partout, la tête grosse à surprendre, et un visage qui faisoit peur... Il étoit d'un jaune livide, l'air presque toujours furieux, mais, en tout temps, si fier, si audacieux, qu'on avoit peine à s'accoutumer à lui. Il avoit de l'esprit, de la lecture, *des restes d'une excellente éducation,* de la politesse et des grâces même, quand il vouloit, mais il le vouloit très-rarement. Il n'avoit ni l'avarice, ni l'injustice, ni la bassesse de ses pères, mais il en avoit toute la valeur, et montré de l'application et de l'intelligence à la guerre. Il en avoit aussi toute la malignité et toutes les adresses pour accroître son rang par des usurpations fines, et plus d'audace et d'emportement qu'eux encore à embler. Ses mœurs perverses lui parurent une vertu, et d'étranges vengeances qu'il exerça plus d'une fois et dont un particulier se seroit bien mal trouvé, un apanage de sa grandeur. Sa férocité était extrême, et se montroit en tout. C'était une meule toujours en l'air, qui faisoit fuir devant elle, et dont ses amis n'étoient jamais en sûreté, tantôt par des insultes extrêmes, tantôt par des plaisanteries cruelles en face, et des chansons qu'il savoit faire sur-le-champ qui emportoient la pièce et qui ne s'effaçoient jamais; aussi fût-il payé en même monnoie plus cruellement encore. D'amis il n'en eut point, mais des connoissances plus familières, la plupart étrangement choisis, et la plupart obscurs comme il l'étoit lui-même, autant que le pouvoit être un homme de ce rang. Ces prétendus amis le fuyoient... Ce naturel farouche le précipita dans un abus continuel de tout, et dans l'applaudissement de cet abus qui le rendoit intraitable, et, si ce terme pouvoit convenir à un prince du sang, dans cette sorte d'insolence qui a plus fait détester les tyrans que leur tyrannie même. Les embarras domestiques, les élans continuels de la plus furieuse jalousie, les vifs piquants d'en sentir sans cesse l'inutilité, un contraste, sans relâche, d'amour et de rage conjugale, le déchirement de l'impuissance dans un homme si fougueux et si démesuré, le désespoir de la crainte du roi, et de la préférence de M. le prince de Conti sur lui, dans le cœur, dans l'esprit, dans les manières de son propre père, la fureur de l'amour et de l'applaudissement universel pour ce même prince, tandis qu'il n'éprouvoit que le plus grand éloignement du public, et qu'il se sentoit le fléau de son plus intime domestique, toutes ses peines le tourmentèrent sans relâche et le rendirent terrible, comme ces animaux qui ne semblent nés que pour dévorer et pour faire la guerre au genre humain : aussi les insultes et les sorties étaient ses délassements dont son extrême orgueil s'étoit fait une habitude et dans laquelle il se complaisoit » (1).

Le duc de Bourbon a dû fournir bien des traits aux *Caractères*. Mais le précepteur, qui aimait son élève, les a dissimulés, et toutes les clés les plus malignes n'arrivent à lui appliquer avec certitude d'autres allusions

(1) Tome VII, p. 287, 286.

satiriques que les conseils donnés à Théagène :

« Si vous êtes né vicieux, ô *Théagène*, je vous plains; si vous le devenez par faiblesse pour ceux qui ont intérêt que vous le soyez, qui ont juré entre eux de vous corrompre, et qui se vantent déjà de pouvoir y réussir, souffrez que je vous méprise. Mais si vous êtes sage, tempérant, modeste, civil, généreux, reconnaissant, laborieux, d'un rang d'ailleurs et d'une naissance à donner des exemples plutôt qu'à les prendre d'autrui, et à faire les règles plutôt qu'à les recevoir, convenez avec cette sorte de gens de suivre par complaisance leurs dérèglements, leurs vices et leur folie, quand ils auront, par la déférence qu'ils vous doivent, exercé toutes les vertus que vous chérissez; ironie forte, mais utile, très propre à mettre vos mœurs en sûreté, à renverser tous leurs projets, et à les jeter dans le parti de continuer d'être ce qu'ils sont, et de vous laisser tel que vous êtes » (1).

(1) Chap. IX, n° 2.

IV

En outre de ces graves lacunes dans le tempérament moral, la Bruyère se trouvait encore aux prises avec une difficulté insurmontable, celle de la prétention des grands à tout savoir et à tout juger par leur goût naturel. Il en parlera ironiquement :

« Les princes, sans autre science ni autre règle, ont un goût de comparaison : ils sont nés et élevés au milieu et comme dans le centre des meilleures choses, à quoi ils rapportent ce qu'ils lisent, ce qu'ils voient et ce qu'ils entendent. Tout ce qui s'éloigne trop de Lulli, de Racine et de Le Brun est condamné » (1).

Les habiles lui conseillaient de dissimuler, et, pour un peu, il se fût résigné à suivre la règle d'éducation qu'il exposait ainsi :

« Ne parler aux jeunes princes que du soin de leur rang est un excès de précaution, lors-

_____

(1) Chap. IX, n° 42.

que toute une cour met son devoir et une partie de sa politesse à les respecter, et qu'ils
sont bien moins sujets à ignorer aucun des
égards dus à leur naissance, qu'à confondre
les personnes, et les traiter indifféremment et
sans distinction des conditions et des titres.
Ils ont une fierté naturelle, qu'ils retrouvent
dans les occasions ; il ne leur faut des leçons
que pour la régler, que pour leur inspirer
la bonté, l'honnêteté et l'esprit de discernement » (1).

Fort de sa mission et désireux de répondre
à la confiance du malheureux et héroïque
aïeul, dont il a sans doute reçu les confidences,
le consciencieux précepteur voudrait sous-
traire son élève à l'entraînement et à la dissipation de la cour, où la volonté royale le
mêlait à toute sorte de divertissements, afin
de le mettre en vue, car Louis XIV lui destinait sa fille, Mlle de Nantes. Mais, que pouvait-il, lui, bourgeois à peine décrassé, et
inconnu, au milieu de ce beau monde, qui

(1) Chap. IX, n° 43.

affectait de passer à côté du précepteur, sans le distinguer de la foule des inconnus ?

— Il y a des gens, écrivait-il alors sur ses feuillets, à qui ne connaître point le nom et le visage d'un homme est un titre pour en rire et le mépriser. Ils demandent : qui est cet homme ? (1).

Souvent répétée et toujours au même endroit, la piqûre finit par s'envenimer, surtout quand notre fier moraliste considérait cette autre injustice : à savoir, que ces mêmes gens, qui affectaient de ne pas connaître la Bruyère pour le mépriser tout à leur aise, affectaient au contraire de connaître parfaitement Rousseau le maître d'armes, Fabvier le maître de danse et Couture le tailleur. Plus encore, ils ne dissimulaient pas leurs accointances avec des cabaretiers presque du même nom, peut-être de la même espèce, mais complices de leurs débauches.

Cependant, peu à peu, par sa réserve, par le sérieux de son attitude, la Bruyère finit par s'imposer et faire accepter sa position

(1) Chap. VIII, n° 38.

dans la maison de Condé. Il eut même des flatteurs, mais, comme ils les connaissait et les démasquait bien !

« Combien de gens vous étouffent de caresses dans le particulier, vous aiment et vous estiment, qui sont embarrassés de vous dans le public, et qui, au lever ou à la messe, évitent vos yeux et votre rencontre ! il n'y a qu'un petit nombre de courtisans qui, par grandeur, ou par une confiance qu'ils ont d'eux-mêmes, osent honorer devant le monde le mérite qui est seul et dénué de grands établissements » (1).

Ces grands courtisans ne s'occupaient guère de notre moraliste, qu'ils croyaient suffisamment bien établi. Bossuet était à Meaux, où il travaillait aux devoirs de sa charge épiscopale. Pour lui, il ne songeait qu'à sa charge.

« Vous êtes homme de bien, vous ne songez ni à plaire ni à déplaire aux favoris, uniquement attaché à votre maître et à votre devoir. Vous êtes perdu ! » (2).

(1) Chap. VIII, n° 30.
(2) Chap. VIII, n° 40.

Peut-être aussi, sans s'en rendre bien compte, le précepteur gardait-il, dans sa dignité, quelque chose d'un peu pédant. Il ne pouvait souffrir qu'on se moquât de lui :

« Il semble que l'on ne puisse rire que des choses ridicules : l'on voit néanmoins de certaines gens qui rient également des choses ridicules et de celles qui ne le sont pas. Si vous êtes sot et inconsidéré, et qu'il vous échappe devant eux quelque impertinence, ils rient de vous ; si vous êtes sage, et que vous ne disiez que des choses raisonnables, et du ton qu'il les faut dire, ils rient de même » (1).

Il se montra sensible à ces railleries. On s'en aperçut, et les quolibets redoublèrent. Mais « il était assez vengé des mauvais jugements que l'on faisait de son esprit par l'indignité et le mauvais caractère de ceux que l'on approuvait. Du même fond, dit-il, dont on néglige un homme de mérite, on sait admirer un sot » (2).

Les rusés courtisans lui conseillaient de

(1) Chap. xi, n° 77.
(2) Chap. xii, n° 43.

laisser là sa morgue et sa dignité, pour se faire le complice des faiblesses naissantes de son élève et flatter les travers de M. le Duc. Il se redressait, dans sa noble indignation. Qu'il est beau quand il s'écrie, avec l'énergie de sa foi et de son attachement au devoir :

« Il y a eu de tout temps de ces gens d'un bel esprit et d'une agréable littérature, esclaves des grands, dont ils ont épousé le libertinage et porté le joug toute leur vie, contre leurs propres lumières et contre leur conscience. Ces hommes n'ont jamais vécu que pour d'autres hommes, et ils semblent les avoir regardés comme leur dernière fin. Ils ont eu honte de se sauver à leurs yeux, de paraître tels qu'ils étoient peut-être dans le cœur, et ils se sont perdus par déférence ou par foiblesse. Y a-t-il donc sur la terre des grands assez grands et des puissants assez puissants, pour mériter de nous que nous croyions et que nous vivions à leur gré, selon leur goût et leurs caprices, et que nous poussions la complaisance plus loin, en mourant non de la manière qui est la plus sûre pour nous, mais de celle qui leur plaît davantage ? (1) »

Puis, comme l'on continuait de rire et de le railler, il ajoutait mélancoliquement, en parlant de sa noble profession d'éducateur et de lettré :

— Il n'y a point d'art si mécanique ni si vile condition où les avantages ne soient plus sûrs, plus prompts et plus solides (2).

Son jeune élève s'était à peu près préservé des influences fatales, qui entraîneront son âge mûr. Mais, la dissipation, qui avait perdu les princes de Condé, en ce moment même déserteurs et traîtres au roi comme à la patrie, menaçait de paralyser les efforts du sage moraliste. Il essayait de le prendre par l'amour propre et une généreuse émulation.

« La plupart des hommes, pour arriver à leurs fins, sont plus capables d'un grand effort que d'une longue persévérance ; leur paresse ou leur inconstance leur fait perdre le fruit des meilleurs commencements, ils se laissent

(1) Chap. xvi, nº 9.
(2) Chap. xii, nº 12.

souvent devancer par d'autres qui sont partis après eux, et qui marchent lentement, mais constamment » (1).

Ainsi parlait le grave Mentor à son disciple. Le moment n'est pas venu heureusement où celui-ci le trouvera trop grave. D'ailleurs, Condé vivait encore. Il était venu à Versailles pour assister aux fêtes de la célébration du mariage de son petit-fils, avec la princesse que Louis XIV lui donna, en gage de son affection pour les Condé. Le héros de Rocroy appréciait ce don comme une faveur. Il reparut à la cour, grave, recueilli, religieux, donnant les plus beaux exemples de sa piété aux courtisans stupéfaits et charmant la Bruyère par ses sages discours.

« Un vieillard qui a vécu à la cour, qui a un grand sens et une mémoire fidèle, est un trésor inestimable ; il est plein de faits et de maximes ; l'on y trouve l'histoire du siècle revêtue de circonstances très curieuses, et qui ne se lisent nulle part ; l'on·y apprend des règles pour la conduite et pour les mœurs

(1) Chap. xi, n° 137.

qui sont toujours sûres, parce qu'elles sont fondées sur l'expérience » (1).

La Bruyère, à ce moment, achevait d'expliquer les *Principes* de Descartes et s'efforçait d'en tirer l'affermissement de son élève dans les principes de la foi. Condé l'écoutait en silence et, quand le docte commentateur avait fini, appuyait sa morale du poids de son témoignage.

N'est-elle pas du grand homme, redevenu chrétien et pratiquant, cette réflexion attristée :

« Il faudrait s'éprouver et s'examiner très sérieusement avant que de se déclarer esprit fort ou libertin, afin au moins, et selon ses principes, de finir comme l'on a vécu ; ou, si l'on ne se sent pas la force d'aller si loin, se résoudre de vivre comme l'on veut mourir (2). »

Il n'est pas aisé de savoir, observe M. Allaire dont nous continuons à suivre les sagaces et érudites données, si le duc de Bourbon comprit bien les leçons et les exemples que lui donnait son grand-père. Pour la Bruyère,

(1) Chap. xi, n° 118.
(2) Chap. xvi, n° 7.

ce fut comme une révélation. Il comprit enfin l'esprit de la cour.

Du fond de son obscurité silencieuse, il voyait en pleine lumière, sous mille feux habilement disposés, les grands personnages qui entouraient le roi se mouvoir comme des acteurs sur un théâtre. Le moraliste les étudiait dans leurs paroles et dans leurs gestes, comme il avait étudié deux philosophes du temps : Molière à la Comédie française, Arlequin à la comédie italienne. Il ne prenait pas moins d'intérêt à considérer les spectateurs qu'à suivre la pièce. Pendant qu'ils riaient, qu'ils applaudissaient, qu'ils éclataient, il distinguait au jeu de leur physionomie les sentiments les plus secrets. Au milieu des fêtes, des plaisirs et des divertissements de toutes sortes, il voyait sous une apparence ou sincère ou joyeuse les cruelles anxiétés ou les tristesses profondes que racontent les chroniqueurs du temps. Il lui semblait avoir fait la découverte d'un nouveau monde, sous la conduite de M. le Prince.

« Il y a un pays, dit-il alors, où les joies sont visibles, mais fausses, et les chagrins cachés, mais réels. Qui croirait que l'empressement pour les spectacles, que les éclats, les applaudissements aux théâtres de Molière et d'Arlequin, les repas, la chasse, les ballets. les carrousels couvrissent tant d'inquiétudes, de soins et de divers intérêts, tant de craintes et d'espérances, des passions si vives et des affaires si sérieuses ? » (1).

Quand la Bruyère aura passé un plus long temps dans ces parages, il sera moins surpris de voir ce qui fut toujours le véritable caractère de la cour (2).

Sa dignité personnelle venait d'ailleurs d'y être profondément froissée. Il ne fut point invité au mariage de son élève, et personne ne s'aperçut de son absence. Qui s'inquiétait, au milieu de ces fêtes resplendissantes, du petit personnage qu'on appelait M. de la Bruyère ? A quoi eût-il été bon, avec sa manie de moraliser, au milieu de ces magnificences et de ce triomphe ?

Cet oubli et ce dédain ne l'empêchaient pas

(1) Chap. VIII, n° 63.
(2) ALLAIRE. *Op. cit.*, v. 264 et 265.

de rendre justice au grand roi : lui seul peut-être, parmi toute cette foule courtisanesque, osait penser et dire :

« Le plaisir d'un roi qui mérite de l'être est de l'être moins quelquefois, de sortir du théâtre, de quitter le bas de saye (1), et les brodequins (2), et de jouer avec une personne de confiance un rôle plus familier » (3).

Les courtisans tournaient en raillerie cette « personne de confiance », la veuve du poète Scarron, devenue l'épouse morganatique de Louis XIV. Mais il se composait vite un visage menteur, dès que le couple royal venait à paraître. La Bruyère les prenait alors en horreur.

« Il n'y a rien qui enlaidisse certains courtisans comme la présence du prince ; à peine

(1) Le bas de saye. La partie inférieure du *saye*, du *sagum*, vêtement des soldats romains ; les acteurs tragiques s'affublaient du *saye* dans les pièces grecques et romaines. — La Bruyère veux dire que le plaisir du roi est de quitter le costume de son rôle.

(2) Les brodequins. Ou plutôt les cothurnes, puisqu'il s'agit d'un rôle de tragédie ; le brodequin est la chaussure de l'acteur comique...

(3) Chap. x, n° 16.

les puis-je reconnaître à leurs visages ; leurs traits sont altérés ; et leur contenance est avilie. Les gens fiers et superbes sont les plus défaits, car ils perdent plus du leur ; celui qui est honnête et modeste s'y soutient mieux ; il n'a rien à réformer » (1).

Bossuet du moins le réconfortait et il aimait de plus en plus le grand évêque. Aussi, fallut-il le deuil de son cœur pour le priver d'assister à la célèbre oraison funèbre de Michel Le Tellier, dont il écrivait à Condé :

« Je n'ai pu entendre l'oraison funèbre de M. de Meaux, à cause de l'enterrement de ma mère, qui se rencontra le jour même de cette cérémonie. Je vous fais, Monseigneur, mes remerciements très humbles, et avec un très grand respect, des bontés que Votre Altesse daigne me marquer sur cette perte dans sa dernière lettre. Pour l'action de M. de Meaux, elle a passé ici et à Paris pour l'une des plus belles qu'il ait faites et même que l'on puisse faire. Il veut de très beaux traits, fort hardis, et le sublime y règne en bien des endroits,

(1) Chap. VIII, n° 12.

elle fut prononcée en maître et avec beaucoup de dignité. Elle sera imprimée : c'est M. le Duc et Mme la Duchesse qui l'ont souhaité. J'ai marqué à M. de Meaux l'endroit de votre lettre où vous vous y intéressez. J'ai même un vrai deuil d'avoir échappé au plaisir d'entendre une si belle pièce, faite d'ailleurs sur un sujet où j'entre si fort, et par devoir et par inclination. Les révérends pères sont très satisfaits de cette action de M. de Meaux, et personne d'ailleurs ne m'en a parlé avec plus d'éloges qu'ils n'ont fait. Je le lui ai dit comme cela, et il a été fort aise de leur approbation.

V

A partir de ce moment, la Bruyère n'était plus le précepteur, chargé de surveiller la conduite de son disciple. Son rôle, moins incommode, se bornera à être le maître de politique du jeune gendre de Louis XIV.

Quoique de race bourgeoise (1), il était

(1) A partir de ce paragraphe et jusqu'à la fin de ce chapitre, nous ne ferons guère que résumer, souvent

alors traité comme un gentilhomme du duc de Bourbon et de sa jeune épouse. S'il n'en avait pas le titre, il en avait déjà les fonctions. Enseigner la politique à M. le Duc de Bourbon ! Tout le monde s'inclinait devant ce privilège, sauf à se moquer de la maladresse du philosophe, s'il ne se tenait pas mieux sur les chevaux de M. le Duc que Racine et Boileau sur ceux du roi. Mais, inférieur pour tout le reste aux deux historiographes, la Bruyère, sans être un élégant cavalier, leur était supérieur en fait d'équitation.

L'éducation du duc de Bourbon, placé maintenant sous l'unique autorité de son père, était en plein désarroi.

Sauveur, dégoûté d'attendre que le jeune prince daignât s'occuper avec lui des principes de la fortification, alla à Anjou régler quelques affaires de famille qu'il avait en ce pays.

Les Pères Alleaume et du Rosel, pendant que M. le Duc voulait émanciper son fils, se

en lui empruntant les termes mêmes employés par lui, les données recueillies et développées par M. Allaire dans les chapitres xiv, xv, xvi, xviii et xx de son savant ouvrage sur *La Bruyère dans la maison de Condé.*

retirèrent avec un congé dans les maisons de la compagnie à Paris.

La Bruyère demeura seul avec le duc de Bourbon, qui le faisait appeler quelquefois pour causer avec lui sur ses études. Ce n'était pas là travailler. Personne ne s'y méprit, la Bruyère moins que personne.

Mais son parti était maintenant bien pris : garder et observer la place nouvelle qui lui était faite par la situation nouvelle de son élève.

« Un homme de mérite, dit-il, et qui est en place, n'est jamais incommode par sa vanité ; il s'étourdit moins du poste qu'il occupe qu'il n'est humilié par un plus grand qu'il ne remplit pas et dont il se croit digne : plus capable d'inquiétude que de fierté ou de mépris pour les autres, il ne pèse qu'à soi-même » (1).

Sans doute, lui aussi, fera sa cour. Mais, avec quelle réserve !

« Il coûte à un homme de mérite de faire assidûment sa cour, mais par une raison bien opposée à celle que l'on pourrait croire : il

(1) Chap. II, n° 13.

n'est point tel sans une grande modestie, qui l'éloigne de penser qu'il fasse le moindre plaisir aux princes s'il se trouve sur leur passage, se poste devant leurs yeux, et leur montre son visage : il est plus proche de se persuader qu'il les importune, et il a besoin de toutes les raisons tirées de l'usage et de son devoir pour se résoudre à se montrer. Celui au contraire qui a bonne opinion de soi, et que le vulgaire appelle un glorieux, a du goût à se faire valoir, et il fait sa cour avec d'autant plus de confiance qu'il est incapable de s'imaginer que les grands dont il est vu pensent autrement de sa personne qu'il fait lui-même » (1).

Il aimait d'ailleurs son élève, et volontiers il épousait ses querelles, témoin l'anecdote contée par les Mémoires du temps et rappelée dans les clés.

On n'avait pas prévenu la grande Mademoiselle du mariage du duc de Bourbon, et elle en avait conçu un grand dépit. Or, elle venait de gagner, par la rigueur de la saison, un gros rhume qui la faisait beaucoup tousser.

(1) Chap. ii, n° 14.

Monseigneur se moquait de cette vieille princesse, restée fille malgré son fol attachement
à M. de Lauzun. Un soir de décembre, à la
table du roi, elle toussa beaucoup. Mlle de
Bourbon et la princesse de Conti commen-
cèrent à rire, en regardant Monseigneur. Le
roi voulut les excuser : la toux persista, les
rires aussi. Alors éclata la colère de la grande
Mademoiselle. Le duc et la duchesse de Bourbon et toute la jeunesse de la famille royale
furent pris et entraînés par le rire universel.
La grande Mademoiselle, toujours toussant et
criant de fureur, mais n'y pouvant plus tenir,
s'en alla. Quand elle revint, elle traita les
jeunes princesses d'impertinentes, leur déclara qu'elles avaient besoin d'apprendre à
vivre, et dit à Mlle de Bourbon et au duc de
Maine :

— Ce sera un joli couple, un boiteux et une
manchote !

Elle dit au duc et à la duchesse de Bourbon :

— Voilà un beau mariage, une femme belle
comme les anges, et un mari fort laid, petit,
gros, et de taille gâtée.

Le « petit monstre » raconta cette scène à la Bruyère, qui mit la grande Mademoiselle dans sa galerie des coquettes et des folles, en compagnie de M. de Lauzun (1).

La jeune femme du duc de Bourbon sut très bon gré au moraliste d'avoir pris parti pour son mari. Elle voulut prendre aussi les leçons du précepteur de ce dernier. La Bruyère écrivait à Condé :

— Je me fais un devoir étroit et un sensible plaisir de les avancer tous les deux.

On a reconnu, dans les *Caractères*, quelques-unes des leçons de littérature données par la Bruyère à la jeune et aimable princesse, celle-ci entre autres :

« Le peuple appelle éloquence la facilité que quelques-uns ont de parler seuls et long-temps, jointe à l'emportement du geste, à l'éclat de la voix, et à la force des poumons. Les pédants ne l'admettent aussi que dans le discours oratoire, et ne la distinguent pas de l'entassement des figures, de l'usage des grands mots, et de la rondeur des périodes.

(1) Chap. II, n° 18.

« Il semble que la logique est l'art de convaincre de quelque vérité ; et l'éloquence un don de l'âme, lequel nous rend maître du cœur et de l'esprit des autres ; qui fait que nous leur inspirons ou que nous leur persuadons tout ce qui nous plaît.

« L'éloquence peut se trouver dans les entretiens et dans tout genre d'écrire. Elle est rarement où on la cherche, et elle est quelquefois où on ne la cherche point » (1).

Plus il connut de près les belles qualités de cette princesse, et plus il s'attacha à elle. Son jeune mari ne pouvait, avec la pointe fatale du mal héréditaire, contribuer à la rendre bien heureuse. La Bruyère mêla quelque compassion à son admiration. Il disait que l'esprit dans cette belle personne était un diamant bien mis en œuvre, et continuant de parler d'elle : « C'est, ajoutait-il, comme une nuance de raison et d'agrément qui occupe les yeux et le cœur de ceux qui lui parlent ; on ne sait si on l'aime ou si on l'admire ; il y a en elle de quoi faire une parfaite amie, il y a aussi

(1) Chap. I, n° 55

de quoi vous mener plus loin que l'amitié.
Trop jeune et trop fleurie pour ne pas plaire,
mais trop modeste pour songer à plaire, elle
ne tient compte aux hommes que de leur mérite, et ne croit avoir que des amis. Pleine de
vivacité et capable de sentiments, elle surprend et elle intéresse; et sans rien ignorer
de ce qui peut entrer de plus délicat et de
plus fin dans les conversations, elle a encore
ces saillies heureuses qui, entre autres plaisirs
qu'elles font, dispensent toujours de la réplique. Elle vous parle comme celle qui n'est
pas savante, qui doute et qui cherche à
s'éclaircir; et elle vous écoute comme celle
qui sait beaucoup, qui connaît le prix de ce
que vous lui dites, et auprès de qui vous ne
perdez rien de ce qui vous échappe. Loin de
s'appliquer à vous contredire avec esprit, et
d'imiter *Elvire*, qui aime mieux passer pour
une femme vive que marquer du bon sens et
de la justesse, elle s'approprie vos sentiments,
elle les croit siens, elle les étend, elle les em-
bellit : vous êtes content de vous d'avoir pensé
si bien, et d'avoir mieux dit encore que vous
n'aviez cru. Elle est toujours au-dessus de la

vanité, soit qu'elle parle, soit qu'elle écrive :
elle oublie les traits où il faut des raisons ; elle
a déjà compris que la simplicité est éloquente.
S'il s'agit de servir quelqu'un et de vous jeter
dans les mêmes intérêts, laissant à Elvire les
jolis discours et les belles-lettres, qu'elle met
à tous usages, *Arténice* n'emploie auprès de
vous que la sincérité, l'ardeur, l'empressement et la persuasion. Ce qui domine en elle,
c'est le plaisir de la lecture, avec le goût des
personnes de nom et de réputation, moins
pour en être connue que pour les connaître.
On peut la louer d'avance de toute la sagesse
qu'elle aura un jour, et de tout le mérite
qu'elle se prépare par les années, puisque avec
une bonne conduite elle a de meilleures intentions, des principes sûrs, utiles à celles qui
sont comme elle exposées aux soins et à la
flatterie ; et qu'étant assez particulière sans
pourtant être farouche, ayant même un peu
de penchant pour la retraite, il ne lui saurait
peut-être manquer que les occasions, ou ce
qu'on appelle un grand théâtre, pour y faire
briller toutes ses vertus » (1).

(1) Chap. xii, n° 28.

Le roi tomba gravement malade. Les deux jeunes époux l'égayaient et le distrayaient par le spectacle de leurs jeux, de leur babil et de leur gaieté. Qui pouvait songer à priver le souverain de cette consolation aussi honnête qu'inoffensive? Assurément, ce n'était pas le philosophe la Bruyère.

Là où il gémissait à bon droit, c'est quand, emporté par les exemples et les entraînements de son père, le jeune duc de Bourbon s'émancipait, au point de laisser prévoir les désordres dans lesquels il tombera un jour. Cela commença par des farces grossières, par des plaisanteries de mauvais goût qui horripilaient le judicieux et grave moraliste :

« L'on dit par belle humeur, et dans la liberté de la conversation, de ces choses froides, qu'à la vérité l'on donne pour telles, et que l'on ne trouve bonnes que parce qu'elles sont extrêmement mauvaises. Cette manière basse de plaisanter a passé du peuple, à qui elle appartient, jusque dans une grande partie de la jeunesse de la cour, qu'elle a déjà infectée. Il est vrai qu'il y entre trop de fadeur et de grossièreté pour devoir craindre qu'elle s'étende plus loin, et qu'elle fasse de plus grands progrès dans un pays qui est le centre du bon goût et de la politesse. L'on doit cependant en inspirer le dégoût à ceux qui la pratiquent; car, bien que ce ne soit jamais sérieusement, elle ne laisse pas de tenir la place, dans leur esprit et dans le commerce ordinaire, de quelque chose de meilleur » (1).

— Et qu'y avait-il donc de meilleur ?

— Le sérieux et l'étude.

— Et pourquoi cela, s'il vous plaît ?

— Le caractère des Français exige du sérieux dans le souverain (2).

Là-dessus, grand débat, tant et si bien que voilà M. le Duc aux gros mots et à traiter la Bruyère du haut de sa grandeur, et avec toute l'insolence de son orgueil offensé.

Dans sa colère, nous l'avons déjà raconté d'après Saint-Simon, M. le Duc ne connaissait plus personne : il confondait tout, brouillait tout, et joignait à la fougue d'un tour-

(1) Chap. v, nº 71.
(2) Chap. x, nº 13.

billon des pointes de railleries perçantes qui emportaient la pièce et demeuraient à toujours.

La Bruyère fut profondément blessé. Il avait toujours montré à Son Altesse de la déférence, de la facilité et toute la complaisance possible. Mais les mauvais traitements qu'il endurait le firent sortir « de ses mesures et de son naturel ». Il en a fait ingénument l'aveu :

« Il y a des vices que nous ne devons à personne, que nous apportons en naissant, et que nous fortifions par l'habitude; il y en a d'autres que l'on contracte, et qui nous sont étrangers. L'on est né quelquefois avec des mœurs faciles, de la complaisance, et tout le désir de plaire; mais par les traitements que l'on reçoit de ceux avec qui l'on vit ou de qui l'on dépend, l'on est bientôt jeté hors de ses mesures, et même de son naturel : l'on a des chagrins et une bile que l'on ne se connaissait point, l'on se voit une autre complexion, l'on est enfin étonné de se trouver dur et épineux » (1).

(1) Chap. xi, n° 15.

La raillerie lui était odieuse, et il a finement analysé l'effet qu'elle produisait sur lui :

« Ceux qui nous ravissent les biens par la violence ou par l'injustice, et qui nous ôtent l'honneur par la calomnie, nous marquent assez leur haine pour nous; mais ils ne nous prouvent pas également qu'ils aient perdu à notre égard toute sorte d'estime : aussi ne sommes-nous pas incapables de quelque retour pour eux, et de leur rendre un jour notre amitié. La moquerie au contraire est de toutes les injures celle qui se pardonne le moins; elle est le langage du mépris, et l'une des manières dont il se fait le mieux entendre; elle attaque l'homme dans son dernier retranchement, qui est l'opinion qu'il a de soi-même; elle veut le rendre ridicule à ses propres yeux; et ainsi elle le convainc de la plus mauvaise disposition où l'on puisse être pour lui, et le rend irréconciliable » (1).

La Bruyère cependant n'était pas cet irréconciliable-là.

(1) Chap. xi, n° 78.

« Les grands dédaignent les gens d'esprit qui n'ont que de l'esprit ; les gens d'esprit méprisent les grands qui n'ont que de la grandeur. Les gens de bien plaignent les uns et les autres, qui ont ou de la grandeur ou de l'esprit, sans nulle vertu » (1).

Bossuet d'ailleurs était venu à Versailles.

Il avait prêché à la Bruyère la patience chrétienne, laquelle, disait le grand évêque, consiste à souffrir les maux, souffrir le dégoût, souffrir le délai.

— « Oui, Monseigneur, répondait alors la Bruyère, l'avantage des grands sur les autres hommes est immense par un endroit : je leur cède leur bonne chère, leur riches ameublements, leurs chiens, leurs chevaux, leurs singes, leurs nains, leurs fous et leurs flatteurs ; mais je leur envie le bonheur d'avoir à leur service des gens qui les égalent par le cœur et par l'esprit, et qui les passent quelquefois » (2).

(1) Chap. ix, n° 12.
(2).Chap. ix, n° 5.

VI

La duchesse de Bourbon se consolait aisément de la grandeur de Madame de Maintenon et goûtait le bonheur d'être libre sous la tyrannie de son mari, qui maintenant lui semblait douce.

De son côté, le duc de Bourbon ne rougissait plus de sa femme au milieu des jeunes gens de la cour; au contraire (1), il était fier de paraître en public avec celle qu'il s'était choisie pour sa compagne inséparable, qui devait faire sa joie, ses délices et toute sa société; et, pendant que les deux époux goûtaient tranquillement les douceurs de leur vie, la Bruyère, dans l'intimité, leur donnait des leçons de politique et de littérature, et achevait leur éducation.

La duchesse se montrait plus appliquée que son jeune et léger compagnon.

La Bruyère s'appliqua à lui enseigner l'art de la conversation.

(1) Chap. xiv, n° 35.

Il commença par lui expliquer ce qu'elle ne doit pas être, en lui racontant l'histoire des Précieuses à l'hôtel de Rambouillet.

« L'on a vu, lui dit-il, il n'y a pas long-temps, un cercle de personnes des deux sexes, liées ensemble par la conversation et par un commerce d'esprit. Ils laissaient au vulgaire l'art de parler d'une manière intelligible ; une chose dite entre eux peu clairement en entraînait une autre encore plus obscure, sur laquelle on enchérissait par de vraies énigmes, toujours suivies de longs applaudissements : par tout ce qu'ils appelaient délicatesses, sentiments, tour et finesse d'expression, ils étaient enfin parvenus à n'être plus entendus et à ne s'entendre pas eux-mêmes. Il ne fallait, pour fournir à ces entretiens, ni bon sens, ni jugement, ni mémoire, ni la moindre capacité : il fallait de l'esprit, non pas du meilleur, mais de celui qui est faux, et où l'imagination a trop de part » (1).

De ces défauts de la préciosité, la Bruyère tirait une leçon excellente :

_____

(1) Chap. v, n° 65.

« Il ne faut pas qu'il y ait trop d'imagination dans nos conversations ni dans nos écrits ; elle ne produit souvent que des idées vaines et puériles, qui ne servent point à perfectionner le goût et à nous rendre meilleurs : nos pensées doivent être prises dans le bon sens et la droite raison, et doivent être un effet de notre jugement » (1).

Il ajoutait finement :

« L'esprit de la conversation consiste bien moins à en montrer beaucoup qu'à en faire trouver aux autres : celui qui sort de votre entretien content de soi et de son esprit, l'est de vous parfaitement. Les hommes n'aiment point à vous admirer, ils veulent plaire ; ils cherchent moins à être instruits, et même réjouis, qu'à être goûtés et applaudis ; et le plaisir le plus délicat est de faire celui d'autrui » (2).

Voilà l'esprit de la conversation qui convient le mieux à une maîtresse de maison. C'était celui de la première Arténice qui avait

(1) Chap. v, nº 17.
(2) Chap. v, nº 16.

créé le genre, mais c'était aussi, disait la Bruyère, celui de la seconde Arténice, c'est-à-dire de madame la duchesse de Bourbon.

« Trop modeste pour songer à plaire, elle ne tient compte aux hommes que de leur mérite, et ne croit avoir que des amis. Pleine de vivacité et capable de sentiments, elle surprend et elle intéresse ; et, sans rien ignorer de ce qui peut entrer de plus délicat et de plus fin dans les conversations, elle a encore ces saillies heureuses qui, entre autres plaisirs qu'elles font, dispensent toujours de la réplique : elle vous parle comme celle qui n'est pas savante, qui doute et qui cherche à s'éclaircir ; et elle vous écoute comme celle qui sait beaucoup, qui connaît le prix de ce que vous lui dites, et auprès de qui vous ne perdez rien de ce qui vous échappe » (1).

Quelle maîtresse de maison ne fera donc pas un jour une aussi parfaite écolière !

Le vieux maître en est ravi, et il a transmis à la postérité le touchant témoignage de sa satisfaction.

(1) Chap. XII, n° 18.

VII

Mais Condé meurt, sa maison est rompue, et voilà le père de son élève qui devient le maître. Le nouveau Monsieur le Prince, qui a souvent blessé la Bruyère dans sa plus intime dignité, gardera-t-il le précepteur de son fils, bien décidément émancipé?

Bossuet avait accepté de mettre fin à ses discours en louant son illustre ami Condé. Or, quand il s'était chargé de l'oraison funèbre de la princesse palatine, il avait présenté et fait agréer Sauveur et la Bruyère pour achever l'éducation du duc de Bourbon. Cette éducation était finie. Sauveur venait d'être nommé professeur de géométrie au Collège de France. Les deux pères jésuites étaient rentrés dans leurs résidences religieuses. Qu'allait-on faire de la Bruyère?

Sans doute sur le conseil de Bossuet, le nouveau Monsieur le Prince, curieux de voir auprès de son fils et de sa belle-fille un gentilhomme qui ne pouvait que leur donner de bons conseils, l'attacha avec trois mille livres de traitement à Leurs Altesses Sérénissimes M. le Duc et Mme la Duchesse.

La Bruyère accepta et, pour bien marquer qu'il brûlait ses vaisseaux et s'engageait définitivement et sans retour dans la maison de Condé, il quitta sa charge de trésorier de France en la généralité de Caen.

C'en est fait !

« *Lucile* aime mieux user sa vie à se faire supporter de quelques grands, que d'être réduit à vivre familièrement avec ses égaux » (1).

Etrange chose que le cœur humain ! Le moraliste un peu chagrin, qui dominait de si haut les petitesses des grands, semble n'avoir pu se passer de leur société. Il mourra à leur service.

(1) Chap. IX, n° 14.

CHAPITRE VI

UN PRÉCURSEUR

Sᴏᴍᴍᴀɪʀᴇ. — A quel âge il commença d'écrire. — D'où lui vint son nom de Théophraste. — Les deux vins. — La célébrité. — Ses derniers discours. — Ses écrits. — Athènes et Paris. — Une femme du marché le reconnaît à son accent. — Ce qu'on n'a pas assez dit encore. — Théophraste fut-il, pour la Bruyère, un prétexte ou une occasion ? — Ce qu'en disent Sainte-Beuve et M. Allaire, après Charpentier. — La Bruyère a-t-il composé ses caractères avant ou après avoir traduit ceux de Théophraste ? — Grand soin qu'il apporte à cette traduction. — Le portrait des flatteurs par Théophraste. — Portrait du grand parleur. — Portrait de l'avare.

I

Ｌ avait quatre-vingt-dix-neuf ans (1), lorsqu'il commença d'exécuter son dessein.

La Bruyère s'autorisera de cet exemple de

---

(1) La Bruyère, à qui nous allons laisser le soin de raconter l'histoire du moraliste qu'il prit pour modèle, dit expressément : « Le projet de ce philoso-

son précurseur pour retarder à peu près indé-
finiment la mise au jour du sien.

Ce précurseur s'appelait Théophraste.

Il était d'Erèse, ville de Lesbos, fils d'un
foulon ; il eut pour premier maître dans son
pays un certain Leucippe qui était de la même
ville que lui ; de là il passa à l'école de Pla-

phe, comme vous le remarquerez dans sa préface,
était de traiter de toutes les vertus et de tous les vices ; et comme il assure lui-même dans cet endroit
qu'il commence un si grand dessein à l'âge de quatre-
vingt-dix-neuf ans, il y a apparence qu'une prompte
mort l'empêcha de le conduire à sa perfection. J'avoue
que l'opinion commune a toujours été qu'il avait
poussé sa vie au delà de cent ans, et saint Jérôme,
dans une lettre qu'il écrit à Népotien, assure qu'il
est mort à cent sept ans accomplis : de sorte que je
ne doute point qu'il n'y ait eu une ancienne erreur ou
dans les chiffres grecs qui ont servi de règle à Diogène Laërce, qui ne le fait vivre que quatre-vingt-
quinze années, ou dans les premiers manuscrits qui
ont été faits de cet historien, s'il est vrai d'ailleurs
que les quatre-vingt-dix-neuf ans que cet auteur se
donne dans cette préface se lisent également dans
quatre manuscrits de la bibliothèque Palatine, où
l'on a aussi trouvé les cinq derniers chapitres des
Caractères de Théophraste qui manquaient aux an-
ciennes impressions, et où l'on a vu deux titres; l'un :
du Goût qu'on a pour les vicieux, et l'autre : *du Gain
sordide*, qui sont seuls et dénués de leurs chapitres. »

ton, et s'arrêta ensuite à celle d'Aristote, où il se distingua entre tous ses disciples. Ce nouveau maître, charmé de la facilité de son esprit et de la douceur de son élocution, lui changea son nom qui était Tyrtame, en celui d'Euphraste, qui signifie celui qui parle bien ; et ce nom ne répondant point assez à la haute estime qu'il avait de la beauté de son génie et de ses expressions, il l'appela Théophraste, c'est-à-dire un homme dont le langage est divin. Et il semble que Cicéron soit entré dans les sentiments de ce philosophe, lorsque, dans le livre qu'il intitule *Brutus, ou des Orateurs illustres*, il parle ainsi : « Qui est plus fécond et plus abondant que Platon ? plus solide et plus ferme qu'Aristote ? plus agréable et plus doux que Théophraste ? » Et dans quelques-unes de ses épîtres à Atticus, on voit que, parlant du même Théophraste, il l'appelle son ami, que la lecture de ses livres lui était familière, et qu'il en faisait ses délices.

Aristote disait de lui et de Callisthène, un autre de ses disciples, ce que Platon avait dit la première fois d'Aristote même et de Xénocrate, que Callisthène était lent à concevoir et avait l'esprit tardif ; et que Théophraste au contraire l'avait si vif, si perçant et si pénétrant, qu'il comprenait d'abord d'une chose tout ce qui pouvait en être connu ; que l'un avait besoin d'éperon pour être excité, et qu'il fallait à l'autre un frein pour le retenir.

Il estimait en celui-ci, sur toutes choses, un caractère de douceur qui régnait également dans ses mœurs et dans son style. L'on raconte que les disciples d'Aristote, voyant leur maître avancé en âge et d'une santé fort affaiblie, le prièrent de leur nommer son successeur ; que comme il avait deux hommes dans son école sur qui seuls ce choix pouvait tomber, Ménédème le Rhodien et Théophraste d'Erèse, par un esprit de ménagement pour celui qu'il voulait exclure, il se déclara de cette manière : il feignit, peu de temps après que ses disciples lui eurent fait cette prière, et en leur présence, que le vin dont il faisait un usage ordinaire lui était nuisible ; il se fit apporter des vins de Rhodes et de Lesbos ; il goûta de tous les deux, dit qu'ils ne démentaient point leur terroir, et que chacun dans son genre était excellent ; que le premier avait de la force, mais que celui de Lesbos avait plus de douceur et qu'il lui donnait la préférence. Quoi qu'il en soit de ce fait, qu'on lit dans Aulu-Gelle, il est certain que, lorsque Aristote, accusé par Eurymédon, prêtre de Cérès, d'avoir mal parlé des dieux, craignant le destin de Socrate, voulut sortir d'Athènes et se retirer à Chalcis, ville d'Eubée, il abandonna son école au Lesbien, lui confia ses écrits à condition de les tenir secrets ; et c'est par Théophraste que sont venus jusques à nous les ouvrages de ce grand homme.

Son nom devint si célèbre par toute la Grèce que, successeur d'Aristote, il put compter bientôt dans l'école qu'il lui avait laissé jusques à deux mille disciples. Il excita l'envie de Sophocle, fils d'Amphiclide, et qui pour lors était préteur : celui-ci, en effet son ennemi, mais sous prétexte d'une exacte police et d'empêcher les assemblées, fit une loi qui défendait, sous peine de la vie, à aucun philosophe d'enseigner dans les écoles. Ils obéirent ; mais, l'année suivante, Philon ayant succédé à Sophocle, qui était sorti de charge, le peuple d'Athènes abrogea cette loi odieuse que ce dernier avait faite, le condamna à une amende de cinq talents, rétablit Théophraste et le reste des philosophes.

Plus heureux qu'Aristote, qui avait été contraint de céder à Eurymédon, il fut sur le point de voir un certain Agnonide puni comme impie par les Athéniens, seulement à cause qu'il avait osé l'accuser d'impiété ; tant était grande l'affection que ce peuple avait pour lui, et qu'il méritait par sa vertu !

En effet, on lui rend ce témoignage qu'il avait une singulière prudence, qu'il était zélé pour le bien public, laborieux, officieux, affable, bienfaisant. Ainsi, au rapport de Plutarque, lorsque Erèse fut accablé de tyrans qui avaient usurpé la domination de leur pays, il se joignit à Phidias, son compatriote, contribua avec lui de ses biens pour armer les bannis, qui rentrèrent dans leur ville, en chassèrent les traîtres, et rendirent à toute l'île de Lesbos sa liberté.

Tant de rares qualités ne lui acquirent pas seulement la bienveillance du peuple, mais encore l'estime et la familiarité des rois. Il fut ami de Cassandre, qui avait succédé à Aridée, frère d'Alexandre le Grand, au royaume de Macédoine ; et Ptolémée, fils de Lagus, et premier roi d'Egypte, entretint toujours un commerce étroit avec ce philosophe. Il mourut enfin accablé d'années et de fatigues, et il cessa tout à la fois de travailler et de vivre. Toute la Grèce le pleura, et tout le peuple athénien assista à ses funérailles.

L'on raconte de lui que, dans son extrême vieillesse, ne pouvant plus marcher à pied, il se faisait porter en litière par la ville, où il était vu du peuple, à qui il était si cher. L'on dit aussi que ses disciples, qui entouraient son lit lorsqu'il mourut, lui ayant demandé s'il n'avait rien à leur recommander, il leur tint ce discours :

« La vie nous séduit, elle nous promet de
« grands plaisirs dans la possession de la
« gloire ; mais à peine commence-t-on à vivre,
« qu'il faut mourir : il n'y a souvent rien de
« plus stérile que l'amour de la réputation.
« Cependant, mes disciples, contentez-vous :
« si vous négligez l'estime des hommes, vous
« vous épargnez à vous-mêmes de grands tra-
« vaux ; s'ils ne rebutent point votre courage,

« il peut arriver que la gloire sera votre ré-
« compense. Souvenez-vous seulement qu'il
« y dans la vie beaucoup de choses inutiles,
« et qu'il y en a peu qui mènent à une fin so-
« lide. Ce n'est point à moi à délibérer sur le
« parti que je dois prendre, il n'est plus
« temps : pour vous qui avez à me survivre,
« vous ne sauriez peser trop mûrement ce
« que vous devez faire. » Et ce furent là ses
« dernières paroles. »

Cicéron, dans le troisième livre des *Tuscu-
lanes*, dit que Théophraste mourant se plaignit de la nature, de ce qu'elle avait accordé
aux cerfs et aux corneilles une vie si longue et
qui leur est si inutile, lorsqu'elle n'avait donné
aux hommes qu'une vie très courte, · bien
qu'il leur importe si fort de vivre longtemps ;
que, si l'âge des hommes eût pu s'étendre à un
plus grand nombre d'années, il serait arrivé
que leur vie aurait été cultivée par une doctrine universelle, et qu'il n'y aurait eu dans le
monde ni art ni science qui n'eût atteint sa
perfection. Et saint Jérôme, dans l'endroit
déjà cité, assure que Théophraste, à l'âge de
cent sept ans, frappé de la maladie dont il

mourut, regretta de sortir de la vie dans un temps où il ne faisait que commencer à être sage.

Il avait coutume de dire qu'il ne faut pas aimer ses amis pour les éprouver, mais les éprouver pour les aimer ; que les amis doivent être communs entre les frères, comme tout est commun entre les amis ; que l'on devait plutôt se fier à un cheval sans frein, qu'à celui qui parle sans jugement ; que la plus forte dépense que l'on puisse faire est celle du temps. Il dit un jour à un homme qui se taisait à table dans un festin : « Si tu es un habile homme, tu as tort de ne pas parler ; mais, s'il n'en est pas ainsi, tu en sais beaucoup. »

Voilà quelques-unes de ses maximes.

Mais, si nous parlons de ses ouvrages, ils sont infinis, et nous n'apprenons pas que nul ancien ait plus écrit que Théophraste.

Diogène Laërce fait l'énumération de plus de deux cents traités différents, et sur toutes sortes de sujets, qu'il a composés. La plus grande partie s'est perdue par le malheur des temps, et l'autre se réduit à vingt traités, qui sont recueillis dans le volume de ses œuvres.

L'on y voit neuf livres de l'histoire des plan-
tes, six livres de leurs causes. Il a écrit des
vents, du feu, des pierres, du miel, des signes
du beau temps, des signes de la pluie, des signes de la tempête, des odeurs, de la sueur,
du vertige, de la lassitude, du relâchement
des nerfs, de la défaillance, des poissons, qui
vivent hors de l'eau, des animaux qui changent de couleur, des animaux qui naissent
subitement, des animaux sujets à l'envie, des
caractères, des mœurs.

II

Mais, objectera-t-on à la Bruyère, Théophraste était Grec, et ceux dont il nous a peint
les mœurs, dans ses *Caractères*, étaient Athéniens, et nous sommes Français !

— Eh oui, répond-il, et il ajoute un trait
de plus à l'objection, pour mieux la résoudre.
En effet, dit-il, si nous joignons à la diver-
sité des lieux et du climat le long intervalle
des temps, et que nous considérions que ce
livre a pu être écrit la dernière année de la

cent quinzième olympiade, trois cent quatorze
ans avant l'ère chrétienne, et qu'ainsi il y a
deux mille ans accomplis que vivait ce peuple
d'Athènes dont il fait la peinture, nous ad-
mirerons de nous y reconnaître nous-mêmes,
nos amis, nos ennemis, ceux avec qui nous
vivons, et que cette ressemblance avec des
hommes séparés par tant de siècles soit si entière. En effet, les hommes n'ont point changé
selon le cœur et selon les passions ; ils sont
encore tels qu'ils étaient alors et qu'ils sont
marqués dans Théophraste : vains, dissimulés,
flatteurs, intéressés, effrontés, importuns, dé-
fiants, médisants, querelleurs, superstitieux.

Il est vrai, Athènes était libre ; c'était le
centre d'une république ; ses citoyens étaient
égaux ; ils ne rougissaient point l'un de l'autre ; ils marchaient presque seuls et à pied
dans une ville propre, paisible et spacieuse,
entraient dans les boutiques et dans les marchés, achetaient eux-mêmes les choses nécessaires ; l'émulation d'une cour ne les faisait
point sortir d'une vie commune ; ils réservaient leurs esclaves pour les bains, pour les
repas, pour le service intérieur des maisons,

pour les voyages; ils passaient une partie de
leur vie dans les places, dans les temples, aux
amphithéâtres, sur un port, sous des portiques, et au milieu d'une ville dont ils étaient
également les maîtres. Là, le peuple s'assem-
blait pour délibérer des affaires publiques;
ici, il s'entretenait avec les étrangers; ailleurs,
les philosophes tantôt enseignaient leur doctrine, tantôt conféraient avec leurs disciples :
ces lieux étaient tout à la fois la scène des
plaisirs et des affaires. Il y avait dans ces
mœurs quelque chose de simple et de populaire, et qui ressemble peu aux nôtres, je
l'avoue ; mais cependant quels hommes, en
général, que les Athéniens, et quelle ville
qu'Athènes ! quelles lois ! quelle police ! quelle
valeur ! quelle discipline ! quelle perfection
dans toutes les sciences et dans tous les arts !
mais quelle politesse dans le commerce ordinaire et dans le langage ! Théophraste, le même
Théophraste dont l'on vient de dire de si grandes choses, ce parleur agréable, cet homme
qui s'exprimait divinement, fut reconnu étranger et appelé de ce nom par une simple femme
de qui il achetait des herbes au marché, et

qui reconnut, par je ne sais quoi d'attique qui lui manquait et que les Romains ont depuis appelé urbanité, qu'il n'était pas Athénien : et Cicéron rapporte que ce grand personnage demeura étonné de voir qu'ayant vieilli dans Athènes, possédant si parfaitement le langage attique et en ayant acquis l'accent par une habitude de tant d'années, il ne s'était pu donner ce que le simple peuple avait naturellement et sans nulle peine. Que si l'on ne laisse pas de lire quelquefois, dans ce traité des *Caractères*, de certaines mœurs qu'on ne peut excuser et qui nous paraissent ridicules, il faut se souvenir qu'elles ont paru telles à Théophraste, qu'il les a regardées comme des vices dont il a fait une peinture naïve, qui fit honte aux Athéniens et qui servit à les corriger.

III

On n'a pas dit assez tout ce que la Bruyère a dû à Théophraste. Avec quel amour et quelle complaisance il l'étudie, le traduit, cisèle sa version, finalement si parfaite qu'on croirait lire un texte original !

Sainte-Beuve, avec son rare flair littéraire, a touché au vif de cette genèse d'esprit chez la Bruyère.

« La Bruyère, dit-il (1), qui aimait la lecture des anciens, eut un jour l'idée de traduire Théophraste, et il pensa à glisser à la suite et à la faveur de sa traduction quelques-unes de ses propres réflexions sur les mœurs modernes. Cette traduction déterminante n'était-elle pour lui qu'un prétexte, ou fut-elle vraiment l'occasion de Théophraste et le premier dessein principal ? »

Après avoir ainsi posé nettement la question, Sainte-Beuve laisse suffisamment voir sa propre conviction en cette délicate matière.

« On pencherait plutôt, dit-il, pour cette supposition moindre, en voyant la forme de l'édition dans laquelle parurent d'abord les *Caractères*, et combien Théophraste y occupe une grande place » (2).

---

(1) *Portraits littéraires*, t. I, p. 396.
(2) *Ibid*. Sainte-Beuve ajoute : « Il (la Bruyère) se déclare de l'avis que nous avons vu de nos jours

Les contemporains semblent avoir partagé cette persuasion, et les ennemis en tirèrent même parti contre l'originalité de notre illustre moraliste, témoin cette peu aimable tirade du directeur de l'Académie française, Charpentier, qui, en sa qualité de partisan des anciens, le mit lourdement au-dessous de Théophraste (1), en lui disant à bout portant :

— Vos portraits ressemblent à de certaines personnes, et souvent on les devine ; les siens ne ressemblent qu'à l'homme. Cela est cause que ses portraits ressembleront toujours ; mais il est à craindre que les vôtres ne perdent quelque chose de ce vif et de ce brillant qu'on y remarque, quand on ne pourra plus les comparer *avec ceux sur qui vous les avez tirés.*

IV

L'intention de Charpentier était évidem-

partagé par Courier, lire et relire sans cesse les anciens, les traduire si l'on peut, et les imiter quelquefois : « On ne saurait en écrivant rencontrer le parfait, « et, s'il se peut, surpasser les anciens, que par imi- « tation. »

(1) *Portraits littéraires,* p. 404.

ment désobligeante. Il y a cependant du vrai dans sa critique, plus qu'on n'est convenu de l'admettre aujourd'hui.

Cependant, l'opinion courante n'est pas celle-là, et M. Allaire l'a trop bien rendue, pour que nous ne nous la lui empruntions pas littéralement; il faut toujours en revenir au docte auteur du *la Bruyère dans la maison de Condé*, quand on veut donner le dernier mot d'un point quelconque de la vie ou des ouvrages du grand moraliste.

« La Bruyère, dit M. Allaire (1), n'a pas voulu imiter les *Caractères* de Théophraste. Il avait pour cela diverses raisons. Voici la principale. Les caractères ne sont pas des remarques solides, mais des peintures où la fantaisie a grande part : ce ne sont pas des réalités, mais des abstractions. L'écrivain choisit dans la vie et les mœurs de plusieurs personnes des traits qui ont une grande analogie. Il les rassemble, il les ajuste, de manière à n'en faire qu'une seule et même physionomie, qui paraît vivante, mais qui n'a jamais

(1) *Op. cit.*, t. I, p. 540.

existé. Peut-être dans Théophraste l'artifice est-il trop visible pour produire cette illusion. Les caractères commencent toujours par une définition courte et concise qui explique le titre ; ils se développent toujours de la même façon, par une énumération de tous les traits qui peuvent servir à la définition ; ils se terminent quelquefois par un trait qui résume tous les autres et indique l'impression que l'auteur veut produire : ils se réduisent enfin à cette unique figure que l'on appelle description. En traduisant Théophraste, la Bruyère avait reconnu que la langue française se prêtait mal aux subtilités du grec : ainsi, dans le texte grec, il avait trouvé trois espèces d'avarices, deux sortes d'importuns, des flatteurs de deux manières et autant de grands parleurs ; de sorte que les caractères de ces personnes semblent rentrer les uns dans les autres, au grand désavantage du titre. La Bruyère s'excuse sur l'infériorité de son génie pour ne pas copier cette forme des caractères qui avait si bien réussi à Théophraste. C'est un prétexte fort poli pour se dégager de ces pesantes entraves. »

M. Servois, de son côté, a soulevé une autre question, non moins intéressante à résoudre.

« On s'est, dit-il, demandé souvent si la Bruyère a composé ses *Caractères* avant de traduire ceux de Théophraste ; ou si, au contraire, c'est par imitation et après avoir achevé sa version qu'il a écrit ses propres remarques, comme pour en grossir son livre. On s'en tient généralement à la seconde hypothèse, et je conviens qu'elle se concilie mieux que la première avec cette déclaration de la Bruyère, qu'il publie de nouveaux caractères, à la suite de sa traduction, « dans l'esprit de contenter ceux qui reçoivent froidement tout ce qui appartient aux étrangers et aux anciens, et qui n'estiment que leurs mœurs ». Timide et naïve excuse de la hardiesse qui le fait se présenter au public avec le titre d'auteur ! Je crois cependant, contrairement à l'opinion commune et à la déclaration de la Bruyère lui-même, qu'il n'a traduit Théophraste qu'après avoir composé le premier texte des *Caractères de ce siècle*, celui des éditions I à III, où rien ne rappelle les *Caractères* grecs.

Sans doute, si l'on prend les *Caractères* de la Bruyère dans l'une des éditions complètes, on constatera çà et là l'imitation flagrante de la manière du disciple d'Aristote. Aussi M. Challemel-Lacour a-t-il pu signaler, avec la plus parfaite justesse, une manifeste analogie de procédé chez Théophraste et chez la Bruyère (1). Très souvent, en effet, comme il l'a fait remarquer, les caractères de la Bruyère ne sont pas simplement des portraits moraux ; très souvent, à l'exemple de Théophraste, la Bruyère y peint « l'extérieur », y relève « les signes particuliers », même « les tics », ajoutant minutieusement « le relief des habitudes physiques » aux analyses plus intimes. Dans les caractères auxquels je fais allusion, dans ceux de *Drance,* de *Gnathon,* de *Giton,* dans bien d'autres encore, il use largement du procédé de Théophraste, qu'il définit lui-même « cette unique figure qu'on appelle description ou énumération ». Il y accumule les traits personnels, les manières individuelles prises

(1) *Les Clefs de la Bruyère.* (*Le Temps,* 28 août 1886).

sur le fait et d'après nature, qui peuvent servir d'étiquette et permettre de reconnaître le
modèle dont il fixe l'image. Mais cherchez un
à un ces caractères dans lesquels il décrit ainsi
les gens et les fait agir et parler : ils appar-
tiennent soit à la quatrième édition, soit aux
éditions suivantes. S'il est vrai que les trois
premières ne contiennent aucune réminis-
cence de la méthode de Théophraste, et que
plus tard la Bruyère se plaise à la lui emprunter dans un certain nombre d'additions,
on en peut conclure, avec quelque vraisem-
blance, que les réflexions de 1688 ont été
composées avant que sa traduction l'eût fami-
liarisé avec la manière de l'auteur grec. Il a
déclaré dans son *Discours* qu'il n'avait ni
« suivi le projet » ni « poursuivi le travail ».
de Théophraste, et en effet il ne l'imitait guère
dans son texte de 1688 ; mais, aux deux raisons qu'il en donne, je substituerais volontiers celle-ci : qu'il ne connaissait pas ou ne
connaissait guère l'ouvrage du moraliste grec,
lorsqu'il écrivit ses premières remarques (1).

(1) SERVOIS, *Notice*, etc., p. XC et XCI.

V

Quoi qu'il en soit, toujours est-il que la Bruyère apporta un soin infini à sa traduction, non pas peut-être de manière à la rendre absolument irréprochable pour le sens littéral, mais pour en faire une œuvre lisible. Les savants la goûtèrent et les lettrés furent charmés.

Quel charme en effet et quel atticisme dans cette correcte et élégante traduction des caractères du flatteur :

« La flatterie est un commerce honteux qui n'est utile qu'au flatteur. Si un flatteur se promène avec quelqu'un dans la place : « Remarquez-vous, lui dit-il, comme tout le monde a les yeux sur vous ? cela n'arrive qu'à vous seul. Hier il fut parlé de vous, et l'on ne tarissait point sur vos louanges : nous nous trouvâmes plus de trente personnes dans un endroit du Portique ; et comme par la suite du discours l'on vint à tomber sur celui que l'on devait estimer le plus homme de bien de la ville, tous d'une commune voix vous nommèrent, et il n'y en eut pas un seul qui vous refusât ses suffrages. » Il lui dit mille choses de cette nature. Il affecte d'apercevoir le moindre duvet qui se sera attaché à votre habit, de le prendre et de le souffler à terre. Si par hasard le vent a fait voler quelques petites pailles sur votre barbe ou sur vos cheveux, il prend soin de vous les ôter ; et, vous souriant : Il est merveilleux, dit-il, combien vous êtes blanchi depuis deux jours que je ne vous ai pas vu ; et il ajoute : Voilà encore pour un homme de votre âge assez de cheveux noirs. Si celui qu'il veut flatter prend la parole, il impose silence à tous ceux qui se trouvent présents, et il les force d'approuver aveuglément tout ce qu'il avance ; et, dès qu'il a cessé de parler il se récrie : Cela est dit le mieux du monde, rien n'est plus heureusement rencontré. D'autres fois, s'il lui arrive de faire à quelqu'un une raillerie froide, il ne manque pas de lui applaudir, d'entrer dans cette mauvaise plaisanterie ; et quoiqu'il n'ait nulle envie de rire, il porte à sa bouche l'un des bouts de son manteau, comme s'il ne pouvait se contenir et qu'il voulût s'empêcher d'éclater; et s'il l'accompagne lorsqu'il marche par la ville, il dit à ceux qu'il rencontre dans son chemin, de s'arrêter jusqu'à ce qu'il soit passé. Il achète des fruits, et les porte chez ce citoyen ; il les donne à ses enfants en sa présence, il les baise, il les caresse : Voilà, dit-il, de jolis enfants, et dignes d'un tel père. S'il sort de sa maison, il le suit; s'il entre dans une boutique pour essayer des souliers, il lui dit : Votre pied est mieux fait que cela. Il l'accompagne ensuite chez ses amis, ou plutôt il entre le premier dans leur maison et leur dit : Un tel me suit, et vient vous rendre visite; et retournant sur ses pas : Je vous ai annoncé, dit-il, et l'on se fait grand honneur de vous recevoir. Le flatteur se met à tout sans hésiter, se mêle des choses les plus viles, et qui ne conviennent qu'à des femmes. S'il est invité à souper, il est le premier des conviés à louer le vin ; assis à table le plus proche de celui qui fait le repas, il lui répète souvent : En vérité, vous faites une chère délicate ; et montrant aux autres l'un des mets qu'il soulève du plat : cela s'appelle, dit-il, un morceau friand. Il a soin de lui demander s'il a froid, s'il ne voudrait point une autre robe, et il s'empresse de le mieux couvrir. Il lui parle sans cesse à l'oreille ; et si quelqu'un de la compagnie l'interroge, il répond négligemment et sans le regarder, n'ayant des yeux que pour un seul. Il ne faut pas croire qu'au théâtre il oublie d'arracher des carreaux des mains du valet qui les distribue, pour les porter à sa place et l'y faire asseoir plus mollement. J'ai dû dire aussi qu'avant qu'il sorte de sa maison il en loue l'architecture, se récrie sur toutes choses, dit que les jardins sont bien plantés ; ou s'il aperçoit quelque part le portrait du maître, où il soit extrêmement flatté, il est touché de voir combien il lui ressemble, et il l'admire comme un chef-d'œuvre. En un mot, le flatteur ne dit rien et ne fait rien au hasard, mais il rapporte toutes ses paroles et toutes ses actions au dessein qu'il a de plaire à quelqu'un et d'acquérir ses bonnes grâces. »

Quoi qu'on en puisse dire, cela nous semble, comme à la Bruyère, parfaitement observé, tout comme le portrait du « grand parleur » paraîtra toujours supérieurement dessiné :

« Ce que quelques-uns appellent *babil*, est proprement une intempérance de langue qui ne permet pas à un homme de se taire. Vous ne contez pas la chose comme elle est, dira quelqu'un de ces grands parleurs à quiconque veut l'entretenir de quelque affaire que ce soit ; j'ai tout su, et, si vous vous donnez la patience de m'écouter, je vous apprendrai tout. Et si cet autre continue de parler : Vous avez déjà dit cela ; songez, poursuit-il, à ne rien oublier ; fort bien, cela est ainsi, car vous m'avez heureusement remis dans le fait : voyez ce que c'est que de s'entendre les uns les autres. Et ensuite : Mais que veux-je dire ? Ah ! j'oubliais une chose : oui, c'est cela même, et je voulais voir si vous tomberiez juste dans tout ce que j'en ai appris. C'est par de telles ou semblables interruptions qu'il ne donne pas le loisir à celui qui lui parle, de respirer. Et lorsqu'il a comme assassiné de son *babil* chacun de ceux qui ont voulu lier avec lui quelque entretien, il va se jeter dans un cercle de personnes graves qui traitent ensemble de choses sérieuses, et les met en fuite. De là, il entre dans les écoles publiques et dans les lieux des exercices, où il amuse les maîtres par de vains discours, et empêche la jeunesse de profiter de leurs leçons. S'il échappe à quelqu'un de dire : Je m'en vais, celui-ci se met à le suivre, et il ne l'abandonne point qu'il ne l'ait remis jusque dans sa maison. Si par hasard il a appris ce qui aura été dit dans une assemblée de ville, il court dans le même temps le divulguer. Il s'étend merveilleusement sur la fameuse bataille qui s'est donnée sous le gouvernement de l'orateur Aristophon, comme sur le combat célèbre que ceux de Lacédémone ont livré aux Athéniens sous la conduite de Lysandre. Il raconte une autre fois quels applaudissements a eus un discours qu'il a fait dans le public, en répète une grande partie, mêle dans ce récit ennuyeux des invectives contre le peuple, pendant que, de ceux qui l'écoutent, les uns s'endorment, les autres le quittent, et que nul ne se ressouvient d'un seul mot qu'il aura dit. Un grand causeur, en un mot, s'il est sur les tribunaux, ne laisse pas la liberté de juger ; il ne permet pas que l'on mange à table ; et s'il se trouve au théâtre, il empêche non seulement d'entendre, mais même de voir les acteurs. On lui fait avouer ingénument qu'il ne lui est pas possible de se taire, qu'il faut que sa langue se remue dans son palais *comme le poisson dans l'eau*, et que quand on l'accuserait d'être plus *babillard* qu'une hirondelle, il faut qu'il parle. Aussi écoute-t-il froidement toutes les railleries que l'on fait de lui sur ce sujet ; et jusques à ses propres enfants, s'ils commencent à s'abandonner au sommeil : « Faites-nous, lui disent-ils, un conte qui « achève de nous endormir. »

Enfin, car il faut se borner, quelle délicatesse de touche dans le caractère de l'avare :

« Pour faire connaître ce vice, il faut dire que c'est un mépris de l'honneur dans la vue d'un vil intérêt. Un homme que l'avarice rend effronté ose emprunter une somme d'argent à celui à qui il en doit déjà, et qu'il lui retient avec injustice. Le jour même qu'il aura sacrifié aux dieux, au lieu de manger religieusement chez soi une partie des viandes consacrées, il les fait saler pour lui servir dans plusieurs repas, et va souper chez l'un de ses amis; et là, à table, à la vue de tout le

monde, il appelle son valet, qu'il veut encore
nourrir aux dépens de son hôte ; et, lui cou-
pant un morceau de viande qu'il met sur un
quartier de pain : Tenez, mon ami, lui dit-il,
faites bonne chère. Il va lui-même au marché
acheter des viandes cuites ; et avant que de
convenir du prix, pour avoir une meilleure
composition du marchand, il lui fait ressouvenir qu'il lui a autrefois rendu service. Il fait
ensuite peser ces viandes, et il en entasse le
plus qu'il peut : s'il en est empêché par celui
qui les vend, il jette du moins quelques os
dans la balance : si elle peut tout contenir, il
est satisfait ; sinon, il ramasse sur la table des
morceaux de rebut, comme pour se dédom-
mager, sourit, et s'en va. Une autre fois, sur
l'argent qu'il aura reçu de quelques étrangers pour leur louer des places au théâtre, il
trouve le secret d'avoir sa part franche du
spectacle, et d'y envoyer le lendemain ses enfants et leur précepteur. Tout lui fait envie ;
il veut profiter des bons marchés, et demande
hardiment au premier venu une chose qu'il
ne vient que d'acheter. Se trouve-t-il dans
une maison étrangère, il emprunte jusques à

l'orge et à la paille ; encore faut-il que celui qui les lui prête fasse les frais de les faire porter jusque chez lui. Cet effronté, en un mot, entre sans payer dans un bain public, et là, en présence du baigneur, qui crie inutilement contre lui, prenant le premier vase qu'il rencontre, il le plonge dans une cuve d'airain qui est remplie d'eau, se la répand sur tout le corps. Me voilà lavé, ajoute-t-il, autant que j'en ai besoin, et sans avoir obligation à personne ; remet sa robe et disparaît. »

En voilà assez pour justifier le goût de notre imitateur de l'ancien moraliste, et expliquer certains traits où nous allons reconnaître l'influence de Théophraste sur la Bruyère.

CHAPITRE VII

L'HISTOIRE D'UN LIVRE

SOMMAIRE. — Voilà de quoi vous attirer beaucoup de lecteurs et beaucoup d'ennemis. — Le marquis de Termes se dérobe moins adroitement. — Une lecture à Auteuil, chez Boileau. — Le satirique n'apprécie pas l'ouvrage de la Bruyère. — Pourquoi. — Bossuet et son influence sur la composition des *Caractères*. — La Bruyère calque son plan sur une donnée magnifique de Bossuet. — Résumé que l'auteur en a donné lui-même.

I

OILA de quoi vous attirer beaucoup de lecteurs et beaucoup d'ennemis !

Telle fut, d'après Voltaire, la réponse de M. de Malézieu, le premier à qui la Bruyère eût confié l'examen de son recueil, avant de se décider à l'imprimer.

Malézieu avait beaucoup d'esprit, et du meilleur. La Bruyère, qui le savait aussi fin lettré qu'homme du monde, voulut avoir son avis tout d'abord. Tous deux mathématiciens, partisans de Descartes, hellénistes, amis de Bossuet, plus d'une affinité unissait leurs esprits. M. de Malézieu se déroba comme on vient de le voir, et, rendant le manuscrit à son ami, s'en tira avec un compliment sibyllin.

Notre philosophe fut piqué, et le laissa voir.

« Le philosophe, dit-il, consume sa vie à observer les hommes, et il use ses esprits à en démêler les vices et le ridicule ; s'il donne quelque tour à ses pensées, c'est moins par une vanité d'auteur que pour mettre une vérité qu'il a trouvée dans tout le jour nécessaire pour faire l'impression qui doit servir à son dessein. Quelques lecteurs croient néanmoins le payer avec usure, s'ils disent magistralement qu'ils ont lu son livre, et qu'il y a de l'esprit ; mais il leur renvoie tous leurs éloges, qu'il n'a pas cherchés par son travail et par ses veilles. Il porte plus haut ses projets et agit pour une fin plus relevée : il demande des hommes et un plus grand et un plus rare succès que les louanges, et même que les récompenses, qui est de les rendre meilleurs » (1).

Il s'en alla donc ailleurs chercher un avis plus clair, une direction plus nette, car au fond il était inquiet, et Malézieu ne le rassurait guère en lui montrant à l'horizon les silhouettes des mécontents qui se reconnaîtraient là.

Il porta son cahier au marquis de Termes.

Ce grand seigneur, qui avait appris à lá Bastille à se montrer réservé, se déroba encore plus prestement que M. de Malézieu. La Bruyère en fut outré. Son dépit s'exhala en termes amers :

« Bien des gens vont jusqu'à sentir le mérite d'un manuscrit qu'on leur lit, qui ne peuvent se déclarer en sa faveur, jusqu'à ce qu'ils aient vu le cours qu'il aura dans le monde par l'impression, ou quel sera son sort parmi les habiles : ils ne hasardent point leurs suffrages, et ils veulent être portés par la foule et entraînés par la multitude. Ils disent alors qu'ils ont les premiers approuvé

(1) Chap. 1, n° 34.

cet ouvrage, et que le public est de leur avis (1).

« Ces gens laissent échapper les plus belles occasions de nous convaincre qu'ils ont de la capacité et des lumières, qu'ils savent juger, trouver bon ce qui est bon, et meilleur ce qui est meilleur. Un bel ouvrage tombe entre leurs mains ; c'est un premier ouvrage, l'auteur ne s'est pas encore fait un grand nom, il n'a rien qui prévienne en sa faveur ; il ne s'agit point de faire sa cour ou de flatter les grands en applaudissant à ses écrits. On ne vous demande pas, *Zélotes* (2), de vous récrier : « C'est « un chef-d'œuvre de l'esprit ; l'humanité ne « va pas plus loin ; c'est jusqu'où la parole « humaine peut s'élever : on ne jugera à l'ave-

(1) Selon plusieurs clefs, il y aurait ici une allusion à l'abbé de Dangeau, auquel la Bruyère aurait lu son ouvrage. — Selon une autre clef citée par M. Ed. Fournier (*la Comédie de la Bruyère*, 2ᵉ édition, p. XXXIV), ce serait le président Cousin, « qui lut ces *Caractères* en manuscrit, et dit pour toute louange : « Le livre est passable. »

(2) *Zélotes*, c'est-à-dire *envieux* (du mot grec ζηλωτής). La Bruyère avait déjà mis ce mot plus haut, en un endroit ou, dès la 5ᵉ édition, il l'a remplacé par Zoïle.

« nir du goût de quelqu'un qu'à proportion
« qu'il en aura pour cette pièce ! » Phrases ou-
trées, dégoûtantes, qui sentent la pension ou
l'abbaye (1), nuisibles à cela même qui est
louable, et qu'on veut louer. Que ne disiez-
vous seulement : Voilà un bon livre ? Vous le
dites, il est vrai, avec toute la France, avec
les étrangers comme avec vos compatriotes,
quand il est imprimé par toute l'Europe, et
qu'il est traduit en plusieurs langues : il n'est
plus temps (2). »

Du moins, le marquis de Termes put rendre un grand service à l'auteur, qu'il se refu-
sait de conseiller.

Depuis que son aventure l'avait rendu si
méfiant, le marquis, premier valet de chambre
du roi, s'était lié d'amitié à deux bourgeois
pas fiers et dont l'esprit hors pair l'attirait
fort. C'étaient les deux historiographes du
roi, Racine et Boileau.

Or, il était arrivé à la Bruyère de rire un
brin des talents équestres des deux historio-

(1) En d'autres termes : qui trahissent des solli-
citeurs de pensions ou d'abbayes.
(2) Chap. i, nº 21.

graphes, qu'il appelait trop souvent, comme la jeunesse de la cour, « Messieurs du Sublime ».

L'entrevue avec Boileau devait s'en ressentir. Voici comment M. Allaire en rétablit le tableau :

II

Boileau (1) souffre de la poitrine, il a une extinction de voix. Il ne dissimule pas son dépit de ne pouvoir remplir sa charge d'historiographe du roi. Pendant que son collègue et ami Racine, quoique souffrant aussi, accompagne Sa Majesté avec toute la cour dans le voyage de Luxembourg, Boileau, demeuré seul, s'est retiré dans la petite maison d'Auteuil qu'il avait achetée deux ans auparavant (2).

Il a auprès de lui le jardinier Antoine, qu'il rendra célèbre, en lui adressant, quelques années plus tard, une fort belle épître en vers;

(1) ALLAIRE, *op. et loc. cit.*, p. 549-551.
(2) Sur le séjour de Boileau à Auteuil, cfr le vol. sur BOILEAU, 3ᵉ de la série du *Grand Siècle.*

mais alors Antoine ne s'occupait que de son jardin. L'esprit de Boileau est déjà triste et mal ordonné, car il a dit adieu aux médecins et n'a gardé pour le soigner qu'une ânesse, dont le lait l'engraisse et ne le guérit point. Dégoûté de toutes choses, peu s'en faut qu'il ne soit dans un état presque aussi désespéré que le malheureux Furetière, qui est abandonné de tout le monde.

Cependant, l'auteur des Satires, comme l'appelle Molière, fait amende honorable à ses amis : à Racine, dont la santé l'inquiète ; au chirurgien Félix, dont il ne peut supporter l'absence ; à M. de Termes, qui est assez galant homme pour le plaindre quand les autres courtisans l'oublient.

La Bruyère est venu voir le malade, mais il n'a eu nulle pitié de ses souffrances. Lorsqu'il faisait ses leçons d'histoire et de géographie politique à M. le Duc de Bourbon, « Maximilien » — c'est le nom que donnait Boileau à la Bruyère — ne s'occupait guère que des affaires d'Allemagne et de Hongrie ; aujourd'hui qu'il a l'insigne honneur de consulter l'oracle du bon goût, le maître de la doctrine littéraire, l'arbitre des réputations, il ne songe qu'au livre qu'il a écrit, et ne parle que du degré de perfection où il veut le conduire.

On l'a engagé à lire son livre à M. Despréaux ; on attend la décision de M. Despréaux pour se prononcer sur le mérite du nouvel auteur (1) : la Bruyère apporte à Auteuil tout le zèle d'un homme qui débute dans la carrière, et tout le feu d'un écrivain qui sait que de cette entrevue dépend son avenir.

Boileau accueille avec politesse le gentilhomme de M. le Prince ; mais il est engraissé par le lait de son ânesse, la Bruyère peut-il tenir grand compte de ses excuses ? D'ailleurs, ajoute-t-il, l'auteur a trop besoin de ses conseils, pour manquer une si belle occasion. La lecture commence. Ce n'est pas fatigant d'écouter.

(1) « L'on m'a engagé, dit *Ariste*, à lire mes ouvrages à *Zoïle* : je l'ai fait. Ils l'ont saisi d'abord, et avant qu'il ait eu le loisir de les trouver mauvais ; il les a loués modestement en ma présence, et il ne les a loués depuis devant personne. Je l'excuse, et je n'en demande pas davantage à un auteur ; je le plains même d'avoir écouté de belles choses qu'il n'a point faites. » (Chap. i, nº 12.)

Je suppose que la Bruyère lut d'abord deux ou trois caractères traduits de Théophraste. Le traducteur de Longin pouvait-il ne pas approuver cette traduction si vive et si française du philosophe grec? Non, sans doute.

Alors, la Bruyère lut deux ou trois chapitres de son livre sur les *Mœurs de ce siècle.*

— Qu'est-ce que cela?

Des satires en prose par morceaux détachés, sans transitions (1).

(1) La Bruyère a déjà l'art (bien supérieur à celui des *transitions* qu'exigeait trop directement Boileau) de composer un livre sans en avoir l'air, par une sorte de lien caché, mais qui reparaît d'endroits en endroits, inattendu. On croit au premier coup d'œil n'avoir affaire qu'à des fragments rangés les uns après les autres, et l'on marche dans un savant dédale où le fil ne cesse pas. Chaque pensée se corrige, se développe, s'éclaire par les environnantes. Puis l'imprévu s'en mêle à tout moment, et, dans ce jeu continuel d'entrées en matière et de sorties, on est plus d'une fois enlevé à de soudaines hauteurs que le discours continu ne permettrait pas : *Ni les troubles, Zénobie, qui agitent votre empire,* etc. Un fragment de lettre ou de conversation, imaginé ou simplement encadré au chapitre *des Jugements : Il disait que l'esprit dans cette belle personne était un diamant bien mis en œuvre,* etc., est lui-même un adorable joyau que tout

Boileau n'avait rien fait, rien vu de semblable ; il écouta d'abord avec surprise : il paraissait saisi par la nouveauté de ce qu'il entendait.

Enfin, il demanda à la Bruyère où il avait pris ses modèles (1).

La Bruyère lui parla des *Proverbes* de Théophraste, dont il est fait mention dans Diogène Laërce, et des *Proverbes* de Salomon, qui se composaient de pièces détachées. Voilà pour la forme. Quant au fond, il fallut bien avouer qu'on avait tâché d'imiter Horace et... Boileau.

Boileau sourit et dit que cela ressemblait plutôt aux *Pensées* de Pascal ou aux *Maximes* de La Rochefoucauld.

La Bruyère sentit la critique.

Il pouvait imiter un ouvrage perdu de Théophraste sans qu'on le soupçonnât de plagiat, il pouvait s'autoriser de l'exemple de la Bible sans que Boileau l'accusât d'être inspiré du Saint-Esprit ; mais il ne pouvait pas écrire un

le goût d'un André Chénier n'aurait pas *mis en œuvre* et en valeur plus artistement... (SAINTE-BEUVE, *loc. cit.*, p. 409.)

(1) *Discours sur Théophraste.*

livre qui eût quelque ressemblance avec les *Pensées* de Pascal ou les *Maximes* de La Roche-foucauld, sans que la comparaison avec des hommes qui avaient tant d'esprit, ne lui fît le plus grand tort, au moins dans l'estime de Boileau.

La Bruyère avait mis beaucoup d'esprit dans son livre, et du meilleur ; du moins il s'en flattait, et il s'efforçait de le faire sentir à Boileau par la manière de lire, peut-être par le choix des remarques qu'il lisait.

Fatigué, importuné, Boileau trouva que la Bruyère (1) était un fort bon homme, qui avait du savoir, du mérite, à qui il ne manquerait rien si la nature l'avait fait aussi agréable qu'il avait envie de l'être. Il loua modeste-ment le Théophraste de M. de la Bruyère : c'était la seule manière de se délivrer de l'au-teur et de son livre.

La Bruyère s'en alla, en excusant Boileau : il le plaignit même d'avoir écouté de belles choses qu'il n'avait point faites (2).

(1) Lettre du 19 mai 1678.
(2) Cfr la remarque déjà citée à la page précédente, du chap. 1, n° 19.

C'est bien ainsi que Racine comprit ce qui s'était passé à Auteuil. Le 24 mai 1628, de Luxembourg, il répondait à Boileau :

— Votre lettre m'eût fait beaucoup de plaisir, si les nouvelles de votre santé eussent été meilleures. Je vis M. Dodart — un médecin janséniste — comme je venais de la recevoir, et la lui montrai. Il m'assura que vous n'aviez aucun lieu de vous mettre dans l'esprit que votre voix ne vous reviendrait point, et me cita même quantité de gens qui sont sortis fort heureusement d'un semblable accident. Mais sur toutes choses il vous recommande de ne point faire d'efforts pour parler, et, s'il se peut, de n'avoir commerce qu'avec des gens d'une oreille fort subtile ou qui vous entendent à demi-mot.

La Bruyère avait fait la sourde oreille, et il accusait Boileau de jalousie. Il se nomme *Ariste* (en grec, le meilleur ou l'homme qui veut être parfait); il nomme Boileau *Zelotes* (en grec, rival jaloux). Il est évident que, dans sa pensée, ces deux noms avaient une certaine exagération comique : la Bruyère n'était point parfait et Boileau n'était point jaloux. Il faudra bien reconnaître cette double vérité :

la Bruyère devra faire amende honorable à Boileau, et Boileau faire des compliments à la Bruyère.

III

Racine et Boileau se dérobent. Reste l'homme le plus grand du Grand Siècle. Avec Bossuet, la Bruyère peut se passer des autres.

Fontenelle l'a raconté, dans son éloge de M. de Malezieu.

« La cour rassemblait alors un assez grand nombre de gens illustres par l'esprit : MM. Racine, Despréaux, de la Bruyère, de Malezieu, de Court; Monsieur de Meaux était à la tête. Ils formèrent une espèce de société particulière, d'autant plus unie qu'elle était plus séparée de celle des illustres de Paris, qui ne prétendaient pas devoir reconnaître un tribunal supérieur ni se soumettre aveuglément à des jugements, quoique revêtus de ce nom imposant de jugements de la cour. Du moins avaient-ils une autorité souveraine à Versailles, et Paris même ne se croyait pas toujours assez fort pour en appeler. »

C'est à l'école de Bossuet que la Bruyère apprendra le plan de son livre. Ne vous imaginez pas que tous ces chapitres, comme l'a cru le trop classique Boileau, manquent d'unité, de liaisons et de transitions.

Bossuet vient de montrer, dans un sermon sublime, l'une des plus belles œuvres qu'ait jamais produites l'esprit humain, les ravages du péché dans l'homme. La Bruyère, ravi, prend ce morceau superbe et y trace son plan.

Suivant Bossuet et dès lors selon la Bruyère, il y a dix obstacles qui affaiblissent dans l'homme la connaissance de Dieu (1) :

1° Le moraliste commencera cette confession des hommes, ou, comme il dit, des mœurs de son siècle, par la sienne : *Des ouvrages de l'esprit* ou de la vanité d'auteur. — Les hommes s'attachent avec une passion folle aux créations de leur intelligence.

2° *Du mérite personnel* ou estime particulière que les hommes ont pour leur propre mérite. — C'est le péché favori des philoso-

(1) Cfr ALLAIRE, t. I, p. 521 et suiv.

phes et, disons-le, de la Bruyère en particulier.

3° *Des femmes.* Leurs séductions naturelles et leur art merveilleux pour établir leur empire. — La Bruyère les démasque, mais il convient d'ajouter qu'il les juge avec la sévérité un peu outrée d'un célibataire, demeuré tel par goût plus que par vertu.

4° *Du cœur.* Qui peut résister à son entraînement ? Si notre philosophe, toujours un peu sauvage, ne connaît guère les sentiments tendres, il a du moins bien compris l'amitié.

5° *De la société et de la conversation.* Que de sottises nous fait dire et nous fait faire le désir de plaire et de réussir dans le monde ! — La Bruyère le montre et le fait toucher du doigt avec la précision judicieuse d'une expérience consommée.

6° *Des biens de fortune.* Que de curieuses observations avait faites, sur la cupidité et l'avarice, l'ancien trésorier des finances en la généralité de Caen ! Mieux qu'un autre, le malin observateur sait où gît l'âme d'un financier.

7° *De la ville.* Il se moque des coteries,

des prétentions, des ridicules des habitants de Paris, et cependant, on le sent, il les aime. On voit distinctement qu'il est Parisien.

8° *De la cour*. Il en parle sur un ton un peu dogmatique. Il y est nouveau venu et un peu intimidé. Mais comme il pénètre l'ambition et ses intrigues !

9° *Des grands*. Personne n'a mieux décrit leur orgueil, leur sève maligne, leur dureté. C'est comme avec un malin plaisir qu'il les désigne et en fait l'anatomie. Sans vouloir exagérer son esprit de dénigrement démocratique, on a eu bien raison de remarquer qu'il oppose aux grands son orgueil de plébéien.

10° *Du souverain ou de la république*. Le professeur de politique dans la maison de Condé ne se fait aucune illusion sur la forme du gouvernement ni sur les hommes qui gouvernent. Il voit bien ce dont est capable l'égoïsme ou la passion politique.

Voilà ses dix premiers chapitres, calqués sur le plan et les données du sermon de Bossuet.

Comme Bossuet encore, il examine ensuite les cinq obstacles qui éteignent dans l'homme la connaissance de Dieu :

11° *De l'homme.* L'homme est né méchant. Non, dites-vous, il est léger. Le moraliste reprend :

« Les hommes en un sens ne sont point légers, ou ne le sont que dans les petites choses. Ils changent leurs habits, leur langage, les dehors, les bienséances ; ils changent de goût quelquefois : ils gardent leurs mœurs toujours mauvaises, fermes et constants dans le mal ou dans l'indifférence pour la vertu » (1).

12° *Les passions* offusquent notre raison, troublent notre jugement. Nous ne savons plus distinguer la vérité, nous ne cherchons plus, nous prenons un mauvais entêtement pour de la persuasion. De là les partis, les cabales, les hérésies. Ajoutez à cela l'artifice des flatteurs et le manque de discernement si naturel à notre paresse : et voilà comment l'erreur, après une trop facile victoire, établit sa tyrannie dans le cœur humain et s'y fait un règne paisible.

13° *La mode.* Il y a aussi des vices qui

____

(1) Chap. xi, n° 2.

nous sont étrangers et que nous contractons sous l'empire de la mode. Pour le vêtement, le philosophe se soumet à la mode avec indifférence. Pour le goût et le vivre, s'assujettir à la mode est une folie. Pour tout ce qui concerne la conscience, c'est pis encore. Et cependant telle est la puissance de la mode que par hypocrisie le libertin devient dévot.

14° Il y a des *usages* dont on ne peut s'affranchir : ils ne sont pas tous absurdes, mais il est absurde d'obéir à un usage uniquement parce qu'il est établi. La raison a toujours le droit de se faire entendre, et il vaut mieux obéir à Dieu qu'aux hommes, car Dieu, c'est la souveraine justice et la suprême raison.

15° Comment se fait-il qu'on oublie Dieu ? Cependant il y a, dans toutes les églises, des voix éloquentes qui prêchent la parole divine. La Bruyère l'a dit au début de ce magnifique chapitre *de la chaire* (1) :

(1) Pour bien saisir l'intérêt qu'offre ce chapitre et bien voir la place qui lui appartient dans l'histoire de la prédication en France, il importe de préciser les dates. Ce chapitre a été publié en 1688, et les der-

« Le discours chrétien est devenu un spectacle. Cette tristesse évangélique qui en est l'âme ne s'y remarque plus : elle est suppléée par les avantages de la mine, par la régularité du geste, par le choix des mots et par les longues énumérations. On n'écoute plus sérieu-

nières additions qu'il a reçues sont de 1694 (8ᵉ édition). Des grands prédicateurs de la fin du XVIIᵉ siècle, un seul n'a pu être entendu par la Bruyère : c'est Massillon, dont les premières prédications, à Paris, ne remontent pas avant 1696. La Bruyère a pu entendre les prédécesseurs immédiats de Bossuet : le père Claude de Lingendes, de la Société de Jésus, mort en 1660 ; les pères Le Jeune et Senault, de l'Oratoire, morts l'un et l'autre en 1672. Bossuet prêcha, à Paris, de 1659 à 1669 ; Bourdaloue prêcha dans cette ville à partir de 1663 ; Mascaron à partir de 1666 ; Fléchier à partir de 1670 ; Fénelon à partir de 1675. Vers l'époque où la Bruyère publia ce chapitre, Fénelon écrivait sur le même sujet ses *Dialogues sur l'éloquence en général et sur celle de la chaire en particulier*, ouvrage publié seulement en 1718. En 1666, l'avocat G. Guéret avait publié des *Entretiens sur l'éloquence de la chaire et du barreau*. Bossuet a consacré à l'éloquence de la chaire trois sermons : *Sur le respect dû à la parole de Dieu* (1660, pour le deuxième dimanche de carême) ; *Sur la parole de Dieu* (1661, pour le deuxième dimanche de carême) ; *Sur la prédication évangélique* (1662, pour le premier dimanche de carême). On trouve dans les Œuvres d'Ant. Arnauld (1612-1694) des *Réflexions sur l'éloquence des prédi-*

sement la parole sainte : c'est une sorte d'amusement entre mille autres ; c'est un jeu où il y a de l'émulation et des parieurs » (1).

16° *Des esprits forts*. Ce dernier chapitre est aussi dans Bossuet, à qui la Bruyère devra ces belles pensées, toujours si fortes et si vraies :

« Il faudrait s'éprouver et s'examiner très sérieusement avant que de se déclarer esprit fort ou libertin, afin au moins, et selon ses principes, de finir comme l'on a vécu ; ou si l'on ne se sent pas la force d'aller si loin, se résoudre de vivre comme l'on veut mourir » (2).

« Je ne conçois point qu'une âme que Dieu a voulu remplir de l'idée de son être infini et

cateurs, et des observations sur le même sujet dans les *Pensées* de Bourdaloue (t. XIV). On peut voir sur ce sujet le livre de l'abbé Maury, *Essai sur l'éloquence de la chaire* (1777) ; P. Jacquinet, *des Prédicateurs du dix-septième siècle avant Bossuet ;* Gandar, *Etudes sur les sermons de Bossuet* et *Choix des sermons de Bossuet,* où se trouve celui *sur la parole de Dieu ;* l'abbé Hurel, *les Orateurs sacrés à la cour de Louis XVI ;* A. Feugère, *Bourdaloue, sa prédication et son temps,* etc.

(1) Chap. xv, n° 1.
(2) Chap. xvi, n° 7.

souverainement parfait doive être anéan-
tie » (1).

Résumant lui-même son ouvrage dans la
préface du discours dont nous aurons bientôt
à parler, la Bruyère le dira très explicitement :

« Sur seize chapitres qui le composent, il y
en a quinze qui, s'attachant à découvrir le
faux et le ridicule qui se rencontrent dans les
objets des passions et des attachements hu-
mains, ne tendent qu'à ruiner tous les obstacles qui affaiblissent d'abord et qui éteignent
ensuite dans tous les hommes la connaissance
de Dieu : qu'ainsi ils ne sont que des prépa-
rations au seizième et dernier chapitre, où
l'athéisme est attaqué et peut-être confondu ;
où les preuves de Dieu, une partie du moins
de celles que les faibles hommes sont capables
de recevoir dans leur esprit, sont apportées ;
où la providence de Dieu est défendue contre
l'insulte et les plaintes des libertins. »

(1) Chap. XVI, n° 42.

CHAPITRE VIII

LE SUCCÈS

I

MAUPERTUIS se plaisait à raconter, à Berlin, une charmante historiette. « Monsieur de la Bruyère, disait-il, venait presque journellement s'asseoir chez un libraire nommé Michallet, où il feuilletait les nouveautés, et s'amusait avec un enfant fort gentil, fille du libraire, qu'il avait pris en amitié. Un jour il tira un manuscrit de sa

poche, et dit à Michallet : « Voulez-vous
« imprimer ceci (c'étaient les *Caractères*) ? Je
« ne sais si vous y trouverez votre compte ;
« mais, en cas de succès, le produit sera la dot
« de ma petite amie. » Le libraire, plus incer-
tain de la réussite que l'auteur, entreprit
l'édition ; mais à peine l'eut-il exposée en
vente qu'elle fut enlevée, et qu'il fut obligé de
réimprimer plusieurs fois de suite ce livre,
qui lui valut deux ou trois cent mille francs ;
et telle fut la dot imprévue de sa fille, qui fit,
dans la suite, le mariage le plus avantageux,
et que M. de Maupertuis avait connue.

La fille de Michallet épousa Charles Remy
de July, un financier que la Chambre de justice fit arrêter en 1716, et qui fut taxé à plus
de 330,000 livres. La dot fut considérable,
soit qu'elle ait atteint 2 à 300,000 francs,
comme le dit Formey, soit qu'elle ait été de
100,000 francs environ, suivant l'estimation
d'un libelle de 1708.

Que la Bruyère n'eût point demandé le
prix de son manuscrit, il n'y avait là rien qui
fût bien surprenant : la plupart des auteurs
ne mettaient alors, pas plus que Boileau,

Leur Apollon aux gages d'un libraire.

Le profit d'ailleurs qu'il eût pu en retirer aurait été dérisoire, malgré l'incomparable succès du livre. La Bruyère s'est un jour indigné du sort que les libraires réservaient aux philosophes et aux auteurs, qui, plus maltraités que le « vil praticien », le laquais devenu commis ou les montreurs de marionnettes, étaient si mal payés de ce qu'ils pensaient ou écrivaient. Il faut lire en entier cette page, qui est tout à la fois le commentaire éloquent de la plainte douloureuse de Corneille : « Je suis saoul de gloire et affamé d'argent (1). »

II

Comment donc la Bruyère s'était-il enfin décidé ?

La légende veut que ce fut sur le conseil de Bussy-Rabutin. On a de celui-ci une lettre

(1) Cfr dans le volume consacré à Corneille, 3e de la série du Grand Siècle.

datée de Paris, 10 mars 1688, et adressée au Marquis de Termes :

« J'ai lu avec plaisir, Monsieur, la traduction de Théophraste : elle m'a donné une grande idée de ce grec. Quoique je n'entende pas sa langue, je crois que M. de la Bruyère a trop de sincérité pour ne l'avoir pas rendu fidèlement. Mais je pense aussi que le Grec ne se plaindrait pas de son traducteur, de la manière dont il l'a fait parler français. Si nous l'avons remercié comme nous l'avons dû faire, de nous avoir donné cette version, vous jugez bien quelles actions de grâces nous avons à lui rendre d'avoir joint à la peinture des mœurs des anciens celle des mœurs de ce siècle. Mais il faut avouer qu'après nous avoir montré le mérite de Théophraste par sa traduction, il nous l'a un peu obscurci par la suite. Il est entré plus avant que lui dans le cœur de l'homme ; il y est même entré plus délicatement et par des expressions plus fines. Ce ne sont point des portraits de fantaisie qu'il nous a donnés : il a travaillé d'après nature, et il n'y a pas une décision sur laquelle il n'ait eu quelqu'un en vue. Pour moi, qui ai le malheur d'une longue expérience du monde, j'ai trouvé à tous les portraits qu'il m'a faits des ressemblances peut-être aussi justes que ses propres originaux, et je crois que, pour peu qu'on ait vécu, ceux qui liront son livre en pourront faire une galerie. »

La lettre de Bussy permettait de prévoir le succès des *Caractères*. Peut-être rassurat-elle la Bruyère sur le danger de la publication d'une œuvre de ce genre. « Voilà de quoi vous attirer bien des ennemis, » lui avait dit M. de Malezieu (1), en faisant allusion aux personnalités que l'on pouvait relever dans les *Caractères*. Les prophéties de cette sorte avaient tenu « quelque temps » la Bruyère en suspens. Mais si l'on devait reconnaître autant de gens à la fois que l'estimait Bussy dans chacune des peintures que le moraliste avait jetées au milieu d'un si grand nombre de « remar-

(1) « Quand la Bruyère montra son ouvrage manuscrit à M. de Malezieu, celui-ci lui dit : « Voilà de « quoi vous attirer beaucoup de lecteurs et beaucoup « d'ennemis ». (Voltaire, *Siècle de Louis XIV*, chapitre XXXII.) « Vous aurez tous les critiques à dos », disaient d'autres amis, suivant Brillon.

ques solides » ou de « sérieuses réflexions »,
qu'avait-il à craindre ?

Quoi qu'il en soit, le 8 octobre 1687, Michallet obtenait le privilège des *Caractères*, et
l'impression était achevée au commencement
de janvier 1688. La Bruyère interrogea encore
quelques bons juges avant que les affiches du
libraire fussent posées, et pendant que les
feuilles étaient entre les mains des relieurs.
C'est ainsi que Bussy put emporter en Bourgogne, à la fin de janvier, un exemplaire qu'il
tenait du marquis de Termes.

Bussy disait, en terminant sa lettre, véritable prophétie qui témoigne d'une rare pers-
picacité :

« Au reste, Monsieur, je suis de votre avis
sur la destinée de cet ouvrage, que, dès qu'il
paraîtra, il plaira fort aux gens qui ont de
l'esprit, mais qu'à la longue il plaira encore
davantage. Comme il y a un beau sens enve-
loppé sous des tours fins, il sautera aux yeux,
c'est-à-dire à l'esprit, à la revision. Tout ce
que je viens de vous dire vous fait voir combien je vous suis obligé du présent que vous
m'avez fait, et m'engage à vous demander

ensuite la connaissance de M. de la Bruyère.
Quoique tous ceux qui écrivent bien ne soient
pas toujours de fort honnêtes gens, celui-ci
me paraît avoir dans l'esprit un tour qui m'en
donne bonne opinion et qui me fait souhai-
ter de le connaître. »

C'est en réponse à cette lettre que la
Bruyère écrit :

« L'on n'écrit que pour être entendu ; mais
il faut du moins en écrivant faire entendre de
belles choses. L'on doit avoir une diction
pure, et user de termes qui soient propres, il
est vrai ; mais il faut que ces termes si propres expriment des pensées nobles, vives,
solides, et qui renferment un très beau sens.
C'est faire de la pureté et de la clarté du discours un mauvais usage que de les faire servir
à une matière aride, infructueuse, qui est sans
sel, sans utilité, sans nouveauté.

« Que sert aux lecteurs de comprendre
aisément et sans peine des choses frivoles et
puériles, quelquefois fades et communes, et
d'être moins incertains de la pensée d'un
auteur qu'ennuyés de son ouvrage ?

« Si l'on jette quelque profondeur dans certains écrits, si l'on affecte une finesse de tour, et quelquefois une trop grande délicatesse, ce n'est que par la bonne opinion qu'on a de ses lecteurs » (1).

III

Le jour de la mise en vente du volume fut un événement.

La Bruyère n'aimait pas ce que nous appelons aujourd'hui la réclame, très peu les journalistes. Il aurait voulu qu'ils ne s'occupassent pas de son livre.

« Le devoir du nouvelliste est de dire : Il y a un tel livre qui court, et qui est imprimé chez Cramoisy (2) en tel caractère ; il est bien relié, et en beau papier ; il se vend tant. Il doit savoir jusqu'à l'enseigne du libraire qui le débite : sa folie est d'en vouloir faire la critique (3). »

Or, par une douce ironie des choses, c'est par un nouvelliste, le directeur du *Mercure*

(1) Chap. I, n° S. L.
(2) Lisez *chez Michallet*.
(3) Chap. I, n° 33.

Galant, de Vizé, que nous avons le détail de ce succès, inouï jusqu'alors dans les fastes de la librairie française.

« Je me trouvai à la cour, raconte de Vizé, le premier jour que les *Caractères* parurent, et je remarquai de tous côtés des pelotons où l'on éclatait de rire : Les uns disaient :

« — Ce portrait est outré ;

« Les autres :

« — En voilà un qui l'est encore davantage !

« — On dit telle chose de madame une telle, disait un autre ; et monsieur un tel, quoique le plus honnête homme du monde, est très maltraité dans un autre endroit.

« Enfin, la conclusion était qu'il fallait acheter ce livre pour voir les portraits dont il est rempli, de peur que le libraire n'eût ordre d'en retrancher la meilleure partie (1). Voilà

(1) Au fond, de Vizé souhaitait que le livre fût saisi, et son insinuation est une perfidie. M. Servois a raconté comment la Bruyère y échappa au moyen de plusieurs cartons. Il « efface, dit-il, avec une égale vigilance, et encore pendant l'impression, lorsqu'ils ont survécu à la revision du manuscrit et des épreuves, les traits qui pourraient déplaire au souverain lui-

les effets que la satire produit (1). Les auteurs en sont souvent éblouis, et attribuent à la beauté de leurs ouvrages ce qui n'est dû qu'au mal qu'ils disent de quantité de personnes. »

A ce trait final, la Bruyère répliqua vivement :

« Un auteur sérieux n'est pas obligé de remplir son esprit de toutes les extravagances, de toutes les saletés, de tous les mauvais mots que que l'on peut dire, et de toutes les ineptes applications que l'on peut faire au sujet de quelques endroits de son ouvrage, et encore même. Nous le surprenons en deux circonstances, détournant à temps l'allusion qui lui est échappée. »

M. Servois va peut-être un peu loin, mais il y a tout de même du vrai dans ce qu'il ajoute :

« Ces minutieuses revisions de sa pensée sont pour la Bruyère la rançon de la liberté avec laquelle il parle de la cour, du clergé, et même des faux dévots, qu'il y avait assurément quelque courage à démasquer, deux années après le mariage de Louis XIV et de Mme de Maintenon. A ce prix, il peut exprimer son mépris pour les grands ou certains grands, et ses préférences pour « le peuple » ; il peut peindre avec une éloquence déchirante la misère des campagnes, que Racine et Vauban, quelques années plus tard, ne pourront exposer sans mécontenter le Roi. »

(1) *Mercure galant,* juin 1693, p. 259-284.

moins de les supprimer. Il est convaincu que, quelque scrupuleuse exactitude que l'on ait dans sa manière d'écrire, la raillerie froide des mauvais plaisants est un mal inévitable, et que les meilleures choses ne leur servent souvent qu'à leur faire rencontrer une sottise (1). »

Il aurait pu ajouter, observe fort judicieusement M. Allaire, que cette raillerie froide des mauvais plaisants ne s'attaque guère qu'aux livres qui sont lus et connus du public, c'est-à-dire dont le succès les importune (2).

IV

Le succès vint d'une autre cause, que M. Taine a mise en belle lumière.

Le talent de la Bruyère, dit l'éminent analyste (3), « consiste principalement dans *l'art d'attirer d'attention*. Il invente peu, mais il marque ce qu'il touche d'une empreinte ineffaçable. Il ne dit que des vérités ordinaires,

(1) Chap. I, n° 28.
(2) *Op. cit.*, t. II, p. 29.
(3) TAINE, *op. cit.*, p. 56 et suiv.

mais, une fois qu'il les a dites, on ne les oublie plus. Il ressemble à un homme qui viendrait arrêter les passants dans la rue, les saisirait au collet, leur ferait oublier leurs affaires et leurs plaisirs, les forcerait à regarder à leurs pieds, à voir ce qu'ils ne voyaient pas ou ne voulaient pas voir, et qui ne leur permettrait d'avancer qu'après avoir gravé l'objet d'une manière ineffaçable dans leur mémoire étonnée. Aussi rencontre-t-on chez lui tous les artifices du style ; jamais la forme n'a été si savante, ni si capable de faire valoir une pensée. Il introduit des personnages fictifs, leur prête des dialogues, et transforme la leçon de morale en scène dramatique. Il fait parler un personnage ancien, Héraclite, puis Démocrite, et réveille le lecteur par l'étrangeté de leurs discours. Il imite le style de Montaigne, et surprend l'attention par le contraste du langage suranné et du langage moderne. Il apostrophe le lecteur, et se fait écouter en le prenant à partie. Quelquefois il pique la curiosité par des énigmes ou par des naïvetés apparentes. Il grossit les objets, il charge les traits, il accumule les couleurs, et la figure devient si expressive qu'on ne peut plus en détacher les yeux : « Il y a, dit-il, « des âmes sales, pétries de boue et d'or- « dures, éprises du gain et de l'intérêt, comme « les belles âmes le sont de la gloire et de la « vertu, capables d'une seule volupté qui est « celle d'acquérir ou de ne point perdre ; « curieuses et avides du denier dix ; unique- « ment occupées de leurs débiteurs ; tou- « jours inquiètes sur le rabais ou le décri des « monnaies ; enfoncées et comme abîmées dans « les contrats, les titres et les parchemins ; de « telles gens ne sont ni parents, ni amis, ni « citoyens, ni chrétiens, ni peut-être des « hommes ; ils ont de l'argent. » Là où les faits ne suffisent pas, des métaphores passion- nées poussent l'hyperbole jusqu'aux plus ex- trêmes limites. «Vient-on, dit-il, de placer quel- « qu'un dans un nouveau poste, c'est un nou- « veau débordement de louanges en sa faveur « qui inonde les cours de la chapelle, qui « gagne l'escalier, les salles, la galerie, tout « l'appartement ; on en a par-dessus les yeux, « on n'y tient plus. » Les paradoxes simulés, les alliances de mots frappantes, les contrastes

calculés et saisissants, les petites phrases con-
cises et entassées, qui portent et blessent
comme une grêle de flèches, l'art de mettre
en relief, de résumer toute la pensée d'un
morceau dans un trait saillant, les expressions inattendues et inventées, les phrases
heurtées, à angles brusques, à facettes étince-
lantes, les allégories soutenues et ingénieuses,
l'imagination, l'esprit jetés à profusion et ornés
par le travail le plus assidu et le plus habile,
tel est le style de la Bruyère, et l'on voit combien il s'écarte de la simplicité et de l'aisance
que conservent les autres écrivains du siècle.
Il touche au nôtre, et il ne serait pas difficile
de montrer dans Balzac et dans Victor Hugo
beaucoup de façons d'écrire semblables aux
siennes ; car, dans un temps comme celui-ci,
parmi des gens rassasiés de littérature et
occupés d'affaires, la première règle de style
est aussi d'attirer l'attention. Nous voulons
comme lui contraindre le lecteur à nous lire,
et la même cause produit en nous et en lui les
mêmes effets. Si l'on en veut une preuve, il
suffit de remarquer que la Bruyère emploie
perpétuellement le mot propre et les traits

particuliers, tandis que le goût classique et les habitudes littéraires du dix-septième siècle ne s'accommodent que des traits généraux et des expressions nobles. Nommer les choses par leur nom, parler de peintres, de vitriers, de titres, de contrats, des objets les plus bas et les plus populaires, ne rien déguiser, et tout au contraire mettre en relief et en lumière les détails les plus choquants, c'est là un prodige dans un siècle où les convenances étaient si impérieuses, où les raffinements d'élégance et de bon ton imposaient aux écrivains un style tempéré et contenu. A-t-on, de nos jours, écrit quelque chose de plus cru que le portrait suivant :

« Gnathon ne vit que pour soi, et tous les
« hommes ensemble sont à son égard comme
« s'ils n'étaient point. Non content de rem-
« plir à une table la première place, il occupe
« lui seul celle de deux autres ; il oublie que le
« repas est pour lui et pour toute la compagnie ;
« il se rend maître du plat, et fait son propre
« de chaque service : il ne s'attache à aucun
« des mets, qu'il n'ait achevé d'essayer de
« tous ; il voudrait pouvoir les savourer tous

« tout à la fois. Il ne se sert à table que de ses
« mains ; il manie les viandes, les remanie,
« démembre, déchire, et en use de manière
« qu'il faut que les conviés, s'ils veulent man-
« ger, mangent ses restes. Il ne leur épargne
« aucune de ses malpropretés dégoûtantes,
« capables d'ôter l'appétit aux plus affamés ;
« les jus et les sauces lui dégouttent du men-
« ton et de la barbe ; s'il enlève un ragoût de
« dessus un plat, il le répand en chemin dans
« un autre plat et sur la nappe ; on le suit à la
« trace. Il mange haut et avec grand bruit ;
« il roule les yeux en mangeant ; la table est
« pour lui un râtelier, il écure ses dents, et il
« continue à manger. Il se fait, quelque part
« où il se trouve, une manière d'établisse-
« ment, et ne souffre pas d'être plus pressé
« au sermon ou au théâtre que dans sa cham-
« bre. Il n'y a dans un carrosse que les places
« du fond qui lui conviennent ; dans toute
« autre, si on veut l'en croire, il pâlit et tombe
« en faiblesse. S'il fait un voyage avec plù-
« sieurs, il les prévient dans les hôtelleries,
« et il sait toujours se conserver dans la meil-
« leure chambre le meilleur lit. Il tourne tout

« à son usage ; ses valets, ceux d'autrui, cou-
« rent dans le même temps pour son service.
« Tout ce qu'il trouve sous sa main lui est
« propre, hardes, équipages. Il embarrasse
« tout le monde, ne se contraint pour per-
« sonne, ne plaint personne, ne connaît de
« maux que les siens, que sa réplétion et sa
« bile, ne pleure point la mort des autres,
« n'appréhende que la sienne, qu'il rachète-
« rait volontiers de l'extinction du genre
« humain » (1).

« Balzac a-t-il jamais donné des détails de
médecine et de menuiserie plus précis que
ceux-ci :

« N*** est moins affaibli par l'âge que par
« la maladie, car il ne passe point soixante-
« huit ans ; mais il a la goutte ; et il est sujet
« à une colique néphrétique ; il a le visage
« décharné, le teint verdâtre, et qui menace
« ruine ; il fait marner sa terre, et il
« compte que de quinze ans entiers il ne
« sera obligé de la fumer ; il plante un jeune
« bois, et il espère qu'en moins de vingt

____

(1) Chap. xi, n° 121.

« années il lui donnera un beau couvert; il
« fait bâtir dans la rue une maison de pierre
« de taille, raffermie dans les encoignures par
« des mains de fer, et dont il assure, en tous-
« sant et avec une voix frêle et débile, qu'on
« ne verra jamais la fin; il se promène tous les
« jours dans ses ateliers sur le bras d'un valet
« qui le soulage; il montre à ses amis ce qu'il
« a fait, et il leur dit ce qu'il a dessein de faire.
« Ce n'est pas pour ses enfants qu'il bâtit,
« car il n'en a point, ni pour ses héritiers,
« personnes viles et qui se sont brouillées
« avec lui : c'est pour lui seul, et il mourra
« demain (1) ». Pourquoi ce choix de détails
familiers et de petits faits exacts (2) tels qu'on
en rencontre journellement autour de soi ?
Parce qu'ils sont les seuls qui soient frap-
pants. Les traits généraux sont vagues, et,
pour maîtriser l'attention du lecteur, la

(1) Chap. xi, n° 124.
(2) Depuis que l'ouvrage de M. Taine a paru, le
débordement du naturalisme a pris des propositions
d'égout malpropre, telles que la comparaison ne saurait
plus être maintenue dans son ampleur, si légitime au
moment où a paru cet excellent morceau de haute
critique littéraire.

Bruyère, comme Balzac, est obligé de le toucher au vif par des traits particuliers, tirés de la vie réelle et des circonstances vulgaires. Ce genre s'appelle aujourd'hui *réalisme*. Plus haut, nous avons vu dans la Bruyère un éloge du peuple, des réclamations en faveur des pauvres, une satire amère contre l'inégalité des conditions et des fortunes, bref les sentiments qu'on appelle aujourd'hui démocratiques. N'est-il pas curieux de trouver ce goût littéraire dans un ami de Boileau et ces inclinations politiques chez un professeur de M. le Duc ? »

Cette page de M. Taine précède la conclusion de sa belle étude sur l'auteur des *Caractères*. Nous ne résistons pas au plaisir de la citer, dût-elle interrompre un instant la suite de notre récit :

« Ce style énergique, cette imagination ardente et féconde indiquent un cœur passionné et achèvent le portrait : si on essaye de se figurer la Bruyère, on voit un homme capable de sentir et de souffrir, qui a senti et qui a souffert, attristé par l'expérience, résigné sans être calmé, qui méritait beaucoup et s'est contenté de peu, dont l'âme aurait pu se prendre à quelque grande occupation, et qui s'est rabattu sur l'art d'écrire, sans que la littérature ouvrît à sa passion et à ses idées une issue assez large. « Un homme, dit-il quelque « part, né chrétien et français, se trouve con- « traint dans la satire ; les grands sujets lui « sont défendus. Il les entame quelquefois, « et se détourne ensuite sur de petites choses « qu'il relève par la beauté de son génie et de « son style. » Là est sa dernière tristesse et son dernier mot. »

N'est-ce pas sous l'impression de cette tristesse que, dans la préface de son discours de réception à l'Académie, la Bruyère s'écria :

« Mais qui sont ceux qui, si tendres et si scrupuleux, ne peuvent même supporter que, sans blesser et sans nommer les vicieux, on se déclare contre le vice ? sont-ce des chartreux et des solitaires ? sont-ce les jésuites, hommes pieux et éclairés ? sont-ce ces hommes religieux qui habitent en France les cloîtres et les abbayes ? Tous au contraire lisent ces sortes d'ouvrages, et en particulier, et en public, à leurs récréations : ils en inspirent la lecture à leurs pensionnaires, à leurs élèves ; ils en dépeuplent les boutiques, ils les conservent dans leurs bibliothèques. N'ont-ils pas les premiers reconnu le plan et l'économie des *caractères ?...* »

V

Les ennemis cependant s'obstinaient à attribuer ce grand succès à la curiosité.

Ils publièrent, sous le titre de *Clés*, une foule de brochures et de listes, destinées, par leur savante et perfide tactique, à irriter contre le moraliste les prétendus modèles de ses portraits et leurs parents.

La Bruyère s'en irritait, avec une sorte de fureur.

« Après, s'écrie-t-il dans cette même préface à son discours de récipiendaire, après les avoir expliqués (les peintures et les caractères) à leur manière et avoir cru trouver les originaux, ils donnent au public de longues listes, ou, comme ils les appellent, des clefs : fausses clefs, et qui leur sont aussi inutiles qu'elles sont injurieuses aux personnes dont les noms s'y voient déchiffrés, et à l'écrivain qui en est la cause quoique innocente.

« J'avais pris la précaution de protester dans une préface contre toutes ces interprétations, que quelque connaissance que j'ai des hommes m'avait fait prévoir, jusqu'à hésiter quelque temps si je devais rendre mon livre public et à balancer entre le désir d'être utile à ma patrie par mes écrits, et la crainte de fournir à quelques-uns de quoi exercer leur malignité. Mais puisque j'ai eu la faiblesse de publier ces *Caractères*, quelle digue élèverai-je contre ce déluge d'explications qui inonde la ville, et qui bientôt va gagner dans la cour? Dirai-je sérieusement, et protesterai-je avec d'horribles serments, que je ne suis ni auteur ni complice de ces clefs qui courent ; que je n'en ai donné aucune, que mes plus familiers amis savent que je les ai toutes refusées ; que les personnes les plus accréditées de la cour ont désespéré d'avoir mon secret ? N'est-ce pas la même chose que si je me tourmentais beaucoup à soutenir que je ne suis pas un malhonnête homme, un homme sans pudeur, sans mœurs, sans conscience, tel enfin que les gazetiers dont je viens de parler ont voulu me représenter dans leur libelle diffamatoire ?

« Mais, d'ailleurs, comment aurais-je donné ces sortes de clefs, si je n'ai pu moi-même les forger telles qu'elles sont et que je les ai vues ? Etant presque toutes différentes entre elles, quel moyen de les faire servir à une même entrée, je veux dire à l'intelligence de mes *Remarques ?* Nommant des personnes de la cour et de la ville à qui je n'ai jamais parlé, que je ne connais point, peuvent-elles partir de moi et être distribuées de ma main ? Aurais-je donné celles qui se fabriquent à Romorantin, à Mortaigne et à Belesmes, dont les différentes applications sont à la baillive, à la femme de l'assesseur, au président de l'élection, au prévôt de la maréchaussée et au prévôt de la collégiale. Les noms y sont fort bien marqués, mais ils ne m'aident pas davantage à connaître les personnes. Qu'on me permette ici une vanité sur mon ouvrage : je suis presque disposé à croire qu'il faut que mes peintures expriment bien l'homme en général, puisqu'elles ressemblent à tant de particuliers et que chacun y croit voir ceux de sa ville ou de sa province. J'ai peint à la vérité d'après nature, mais je n'ai pas toujours songé à peindre celle-ci ou celle-là dans mon livre des mœurs. Je ne me suis point loué au public pour faire des portraits qui ne fussent que vrais et ressemblants, de peur que quelquefois ils ne fussent pas croyables, et ne parussent feints ou imaginés. Me rendant plus difficile, je suis allé plus loin : j'ai pris un trait d'un côté et un trait d'un autre ; et de ces divers traits qui pouvaient convenir à une même personne, j'en ai fait des peintures vraisemblables, cherchant moins à réjouir les lecteurs par le caractère, ou, comme le disent les mécontents, par la satire de quelqu'un, qu'à leur proposer des défauts à éviter et des modèles à suivre.

« Il me semble donc que je dois être moins blâmé que plaint de ceux qui par hasard verraient leurs noms écrits dans ces insolentes listes, que je désavoue et que je condamne autant qu'elles le méritent. J'ose même attendre d'eux cette justice, que, sans s'arrêter à un auteur moral qui n'a eu nulle intention de les offenser par son ouvrage, ils passeront jusqu'aux interprètes, dont la noirceur est inexcusable. Je dis en effet ce que je dis, et nullement ce qu'on assure que j'ai voulu dire ; et je réponds encore moins de ce qu'on me fait dire, et que je ne dis point. Je nomme nettement les personnes que je veux nommer, toujours dans la vue de louer leur vertu ou leur mérite ; j'écris leurs noms en lettres capitales, afin qu'on les voie de loin, et que le lecteur ne coure pas risque de les manquer. Si j'avais voulu mettre des noms véritables aux peintures moins obligeantes, je me serais épargné le travail d'emprunter les noms de l'ancienne histoire, d'employer des lettres initiales qui n'ont qu'une signification vaine et incertaine, de trouver enfin mille tours et mille faux fuyants pour dépayser ceux qui me lisent, et les dégoûter des applications. Voilà la conduite que j'ai tenue dans la composition des *Caractères.* »

La Bruyère avait tort de se fâcher ainsi. Les critiques sont une preuve de la valeur d'un livre. On ne s'acharne pas après un ouvrage médiocre. On l'exécute en un tour de main et c'est fait.

Puis, n'avait-il pas, pour se consoler des

zélotes, l'appréciation de Bossuet ? Ah ! quand Bossuet parle, la Bruyère se soumet :

« Un apprenti est docile, il écoute son maître, il profite de ses leçons, et il devient maître. L'homme indocile critique le discours du prédicateur, comme le livre du philosophe, et il ne devient ni chrétien ni raisonnable » (1).

Pour la Bruyère, Bossuet, c'est l'idéal de la perfection et du mérite, du vrai mérite qui lui ferait écrire cette phrase demeurée proverbiale :

« Après le mérite personnel, il faut l'avouer, ce sont les éminentes dignités et les grands titres dont les hommes tirent plus de distinction et plus d'éclat, et qui ne sait être un Erasme, doit penser à être évêque. Quelques-uns, pour étendre leur renommée, entassent sur leurs personnes des pairies, des colliers d'ordre, des primaties, la pourpre, et ils auraient besoin d'une tiare ; mais quel besoin à Trophime d'être cardinal » (2) ?

(1) Chap. XI, n° 2.
(2) Chap. II, n° 28.

Bossuet rendait à la Bruyère estime pour estime, affection pour affection.

Le moraliste mourut avant le grand évêque, celui-ci l'honora de ses larmes.

— Je revins hier de Versailles à Paris, écrivait-il le 16 juillet 1696, à son neveu pour lors à Rome (1), pour assister à la réception de l'abbé Fleury et à une harangue à l'Académie. Il a la place de notre pauvre ami, que je regrette tous les jours de plus en plus.

Heureux la Bruyère d'avoir excité de tels regrets chez un si grand homme !

VI

La première édition des *Caractères* avait

(1) Le 28 mai 1696, Bossuet avait écrit à son neveu : « Nous vous demanderons les nouvelles : c'en a été pour vous une bien fâcheuse que celle de la mort de M. de la Bruyère. Toute la cour l'a regretté, et M. le Prince plus que tous les autres ». Le 30 juin, il écrivait encore au même : « Nous vous avons écrit la mort de ce pauvre M. de la Bruyère, et cependant nous voyons que vous l'avez apprise par d'autres endroits ». Le grand homme semble fâché de n'avoir pas été le premier à annoncer une mort, qui l'a laissé, on le voit, inconsolable.

été lue avec une grande avidité ; la seconde eut le même succès, et la troisième aussi.

Michallet, avec sa modeste presse à bras, ne pouvait suffire à l'impression, il fit deux tirages de la seconde édition, avant de publier la troisième. Il concéda une part de son privilège à Thomas Amaulry, libraire à Lyon, pour imprimer cet ouvrage qui était demandé partout. Enfin, à Bruxelles, en Pays-Bas, une autre édition, semblable aux autres, se vendait chez Jean Léonard, avec le privilège de Michallet.

Toutes ces éditions n'étaient que la deuxième de Paris, et l'auteur n'avait rien répondu à toutes les critiques dont il était l'objer.

Il se dédommagea de ce long silence dans la quatrième édition.

A chacune des éditions nouvelles, depuis, il ajouta successivement et beaucoup à chacun de seize chapitres. « Des pensées qu'il avait peut-être gardées en portefeuille dans sa première circonscription, des ridicules que son livre même fit lever devant lui, des originaux qui d'eux-mêmes se livrèrent, enrichirent et accomplirent de mille façons le chef-d'œuvre. La

première édition renferme surtout incompa-
blement moins de portraits que les suivantes.
L'excitation et l'irritation de la publicité les
firent naître sous la plume de l'auteur, qui
avait principalement songé d'abord à des
réflexions et remarques morales, s'appuyant
même à ce sujet du titre de *Proverbes* donné
au livre de Salomon. Les *Caractères* ont sin-
gulièrement gagné aux additions ; mais on voit
mieux quel fut le dessin naturel, l'origine
simple du livre, et, si j'ose dire, un accident
heureux, dans cette première et plus courte
forme » (1).

Sainte-Beuve, après cette constatation, fait
un retour sur nos mœurs littéraires contemporaines, et il écrit un peu mélancoliquement (2)

«.... Sans faire injure à nos mérites laborieux, le premier petit in-12 de la Bruyère
devrait être à demeure sur notre table, à nous
tous écrivains modernes, si abondants et si
assujettis, pour nous rappeler un peu à l'a-
mour de la sobriété, à la proportion de la pen-

(1) SAINTE-BEUVE. *Op. cit.*, p. 397.
(2) *Ibid.*, p. 413.

.sée, au langage. Ce serait beaucoup déjà que d'avoir regret de ne pouvoir faire ainsi. Aujourd'hui que l'*Art poétique* de Boileau est véritablement abrogé et n'a plus d'usage, la lecture du chapitre des *Ouvrages de l'esprit* serait encore, chaque matin, pour les esprits critiques, ce que la lecture d'un chapitre de l'*Imitation* est pour les âmes tendres. »

———

CHAPITRE IX

LA BRUYÈRE A L'ACADÉMIE

Sommaire. — La Bruyère se présente à l'Académie. — On lui préfère Pavillon.— Procédure des élections académiques à cette époque. — Les sept académiciens qui votent pour lui. — On lui préfère encore Tourreil.— Il est enfin élu le 14 mai 1693. — Deux épigrammes. — Séance de réception. — Succès de Bignon. — La harangue de la Bruyère est un chef-d'œuvre de critique littéraire et d'ironie.— Portraits de Régnier-Desmarais, de Segrais, de la Fontaine, de Boileau, de Racine, de Bossuet et de Fénelon. — Aumône dédaigneuse au menu fretin de la compagnie. — Celui-ci se fâche. — Récit des menées des mécontents fait par la Bruyère lui-même. — On lui reproche d'avoir méconnu le grand Corneille.— L'Académie prétend faire supprimer ce passage à l'impression.— Racine se fâche et Bossuet ramène la paix. — La harangue est imprimée.

I

EN 1691, la Bruyère souhaita que l'Académie française consacrât le succès de son livre, en l'admettant dans son sein (1).

(1) Nous empruntons le récit de l'élection de la Bruyère aux doctes recherches de M. Servois, qui, à force de patience, est parvenu à reconstituer cette histoire fort compliquée, et, jusqu'à lui, fort mal élucidée par les précédents biographes.

Or, il y eut, cette année-là, deux élections : l'une au mois d'avril, à la mort de Villayer, l'inventeur des chaises volantes (1); l'autre au mois de novembre, après la mort de Benserade. La première fit entrer à l'Académie Fontenelle, qui, payant d'une longue disgrâce l'irrévérence de ses jugements sur Homère, Eschyle et Théocrite, s'était vu préférer quatre fois ses compétiteurs. Peut-être la Bruyère avait-il conçu l'espoir que les partisans des anciens pourraient remporter à son profit une victoire nouvelle sur les partisans des modernes, et s'était-il présenté contre Fontenelle. Mais le procès-verbal de la séance d'élection du 2 avril 1691 ne mentionne, suivant l'ancien usage, que le nom du candidat qui a réuni la pluralité des suffrages, et nul autre

(1) Cet académicien, dont Fontenelle ne put faire, en lui succédant à l'Académie, qu'un éloge très bref et très vague (on a dit à tort qu'il n'en avait pas même rappelé le souvenir), était fort connu dans la maison de Condé : Monsieur le Prince, le fils du grand Condé, installa à Chantilly des chaises volantes, et la duchesse de Bourbon s'en servit à Versailles jusqu'au jour où la machine l'arrêta à mi-chemin d'un étage à l'autre, entre deux murs.

17

document n'a non plus révélé que la Bruyère eût été l'un de ses concurrents. A défaut de meilleures preuves, on en a cherché une dans la date à laquelle ont été imprimés, pour la première fois, les caractères d'*Hermippe* et de *Théobalde*, que contenait la sixième édition, publiée quelques semaines plus tard : en écrivant celui d'*Hermippe*, la Bruyère se serait donné le malicieux plaisir de faire le portrait satirique de ce même Villayer, qu'il eût été contraint de louer dans son discours de réception, s'il l'eût remplacé à l'Académie ; par le caractère de *Théobalde*, il se serait vengé des menées de Benserade, auquel on attribue sa défaite et le succès de Fontenelle, dans cette même élection d'avril 1691. Mais il se peut qu'*Hermippe* soit le portrait d'Henri-Jules de Bourbon, plutôt que celui de Villayer; et, d'autre part, s'il est certain que le caractère de *Théobalde* représente Benserade vieilli, rien ne démontre qu'il faille y voir les représailles d'un candidat éconduit.

Si ce n'est le 2 avril 1691, la Bruyère brigua du moins les suffrages de l'Académie le 22 novembre suivant, jour où la Compagnie

fut convoquée, non pour élire définitivement
le successeur de Benserade, mais pour arrêter son choix sur la candidature qui devait
être proposée à l'agrément du roi. A cette
époque, un scrutin unique ne suffisait pas à
conférer le titre d'académicien. Une élection
se composait de trois scrutins scuccessifs; non
point de deux seulement, comme on le croit
en général. Lorsque les noms des candidats,
proposés soit par le directeur, soit par d'autres académiciens, avaient été discutés à loisir,
chacun inscrivait son vote sur un bulletin.
Le dépouillement des bulletins ne devait pas
se faire en séance. Le directeur, le chancelier et le secrétaire, assistés d'un membre
désigné par le sort, les ouvraient hors de
la salle de réunion, puis faisaient connaître
à la Compagnie le nom qui avait réuni la
pluralité des voix, tenant secrets les noms
des candidats moins heureux. C'est alors
que l'on soumettait l'élu de la majorité à
un scrutin par boules, en vue duquel chaque académicien avait reçu, à l'avance, une
ballotte noire et une ballotte blanche, et que
les procès-verbaux nomment tantôt le premier

scrutin, bien qu'il fût en réalité le second, tantôt le « scrutin de proposition ». Ce vote était suivi, dans une séance ultérieure, d'un autre scrutin par ballottes, qui était la dernière épreuve, et qui s'appelait, dans les procès-verbaux, soit le second scrutin, bien qu'il fût le troisième, soit le « scrutin d'élection ».

Le désir d'éviter des choix qui pussent désobliger le protecteur, avait introduit dans les usages académiques la procédure que nous venons d'exposer. Richelieu ayant blâmé une de ses élections, l'Académie, pour ne plus être exposée à pareille mésaventure, avait institué les deux scrutins par boules : le premier confirmait le vote préparatoire par bulletins, fixant la candature que la Compagnie devait charger l'un des siens de proposer à l'approbation du protecteur ; le second consommait l'élection.

Le scrutin préparatoire, qui se faisait par bulletins, était le plus intéressant, car il mettait fin à la compétition des concurrents. Au scrutin de proposition, les académiciens dissidents avaient presque tous désarmé, sinon tous : le candidat n'obtenait guère que des boules blanches. Le public considérait dès lors l'élection comme achevée, et les gazettes en annonçaient le résultat comme définitif (1).

C'est au dernier scrutin, sans nul doute, que Mézeray, qui fut secrétaire perpétuel de l'Académie de 1675 à 1683, déposait dans la boîte, à chaque élection, la boule noire par laquelle il témoignait de son indépendance et prétendait constater celle de la Compagnie. Personne, après sa mort, ne continua cette tradition d'opposition systématique, et la nomination même du successeur de Benserade nous offre l'exemple d'une élection qui, vivement disputée au début, réunit, à la dernière heure, comme d'ailleurs l'avait fait celle de Fontenelle, tous les suffrages sans excep-

(1) La présentation au roi, qui était le protecteur de l'Académie depuis 1671, n'était pas toujours cependant une pure formalité : on sait que Louis XIV suspendit, pendant six mois, l'élection de la Fontaine. Et l'approbation du roi obtenue, l'Académie n'estimait pas toujours qu'elle fût irrévocablement engagée à consacrer définitivement la candidature qu'elle avait adoptée ; car, on la vit, en 1659, discuter de nouveau, à la seconde séance électorale, celle de Gilles Boileau, qu'elle avait accueillie au scrutin de proposition.

tion. Les procès-verbaux des séances où elle s'accomplit sont rédigés avec la brièveté habituelle. « La pluralité des suffrages ayant été pour M. Pavillon », on passe au scrutin, et « toutes les boules, à la réserve d'une seule », lui sont « favorables » : voilà pour la séance du 22 novembre, celle où se fit le scrutin de proposition. Le scrutin d'élection ne donne que des boules blanches à M. Pavillon : voilà pour la seconde séance, qui se tint le 1er décembre. Il peut y avoir quelque intérêt à compléter les comptes rendus officiels.

II

La place vacante était sollicitée par « plusieurs sujets considérables », dit le *Mercure galant*. S'il en était présenté plus de deux, du moins n'étaient-ils que deux entre lesquels les chances de succès semblaient se partager, quand l'Académie se réunit le 22 novembre : l'un était la Bruyère ; peut-être l'autre était-il Tourreil. Mais la candidature imprévue de Pavillon, qui surgit au cours de la séance pendant la discussion des titres, vint déjouer les prévisions. Paul Tallemant, qui l'avait improvisée, en a raconté lui-même le succès dans l'éloge qu'il prononça de Pavillon, en 1705, devant l'Académie des inscriptions :

« Je n'oublierai pas ici, dit-il, la manière extraordinaire et nouvelle dont il fut mis à l'Académie française. Je lui avais souvent dit qu'une place dans cette célèbre compagnie lui convenait extrêmement, surtout puisqu'il n'était guère occupé ; mais sa modestie le retenait, et les sollicitations qu'il croyait nécessaires l'en avaient toujours détourné. L'Académie se trouva balancée entre deux personnes qui partageaient les voix, et formaient deux partis qu'on ne pouvait accorder. Je ne sais par quel instinct il me vint dans l'esprit de parler de M. Pavillon ; mais dès que je l'eus nommé, il se fit un applaudissement général ; on abandonna les deux partis auxquels on paraissait si attaché, et tout se réunit, en un moment, en faveur d'un mérite qui parut supérieur à tout autre. Cette élection peu usitée étonna tout le monde, et M. Pavillon, à qui j'en portai la nouvelle, en fut lui-même dans une surprise qui n'est pas croyable. »

« L'applaudissement » qui accueillit à l'Académie la proposition de Tallemant ne fut pourtant pas aussi unanime qu'il le dit ; car, sur vingt-cinq académiciens présents et comptés par le *Mercure*, sept demeurèrent fidèles à la Bruyère et inscrivirent son nom sur leurs bulletins, dans le vote par billets qui suivit la discussion des titres. Le *Mercure* n'enregistra point ces sept voix données à l'auteur des *Caractères*, et Tallemant semble les avoir oubliées ; le chiffre s'en trouve dans une lettre de la Bruyère lui-même à Bussy Rabutin. La candidature de Pavillon obtint néanmoins un beau triomphe dès le premier vote : elle y put réunir dix-huit voix, si toutefois le rival inconnu de la Bruyère fut abandonné de tous ses amis. Au scrutin de proposition, six des électeurs de la Bruyère se rallièrent à ceux de Pavillon. Au scrutin d'élection, le 1ᵉʳ décembre, il n'y a plus de dissidence : toutes les boules sont blanches.

Bussy fut l'un des sept académiciens qui, devançant le jugement de la postérité, avaient protesté contre la préférence que la Compagnie avait donnée à Pavillon sur la Bruyère.

Racine, Boileau, Régnier-Desmarais, Bossuet, avaient certainement voté comme Bussy. Pour les deux autres noms, il faut choisir entre Renaudot, Rose, Novion, Segrais, Huet ou peut-être la Fontaine :

Dans sa réponse au nouveau récipiendaire, le directeur en exercice, qui était Charpentier, affecta de revendiquer, pour l'Académie, la « liberté » de ses suffrages. Parlant en effet de Louis XIV et de son amour des lettres, on l'entendit s'écrier :

« N'est-ce pas un effet de ce même amour qui ne s'éteindra jamais dans son cœur, que, s'intéressant à l'honneur de vos élections, dont il vous laisse la liberté tout entière, il vous exhorte de jeter toujours les yeux sur les personnes d'un mérite le plus distingué, sans vous abandonner ni au torrent des brigues ni au penchant de vos propres inclinations ? Et ne s'en est-il pas expliqué de la sorte, lorsque le scrutin de cette dernière élection lui fut présenté ? »

L'indépendance de la Compagnie avait-

elle donc été menacée par les sept académiciens qui avaient voté pour la Bruyère?
Vraiment l'Académie avait eu de meilleures
occasions de se mettre en garde contre les
brigues et les atteintes portées à sa liberté.

Tourreil, qui avait obtenu de l'Académie
deux prix d'éloquence, sollicita la succession
de Michel le Clerc : il fut proposé, le 12 janvier 1692, par toutes les voix sauf une, et
nommé le 19 par la pluralité des votants suivant le procès-verbal, ou par tous selon le
Mercure. Dans son discours de réception, le
nouvel académicien s'excuse d'avoir été préféré à d'illustres concurrents. On ne sait si la
Bruyère fut l'un d'eux. Bien qu'il n'y fût pas
obligé, Tourreil loua l'Académie d'avoir si-
gnalé, par l'élection de Pavillon, la délicatesse
de son goût et la justesse de son discernement.
La Bruyère aurait eu mauvaise grâce à s'en
montrer offensé; mais il avait le droit de s'éton-
ner de l'insistance avec laquelle Charpentier,
qui répondit à Tourreil, rappela encore et com-
menta de nouveau les paroles de Louis XIV,
recommandant à l'Académie de ne jeter les
yeux que sur des personnes d'un savoir distin-

gué. Quelle pressante nécessité contraignait donc Charpentier à inviter une fois de plus l'Académie à se défendre contre les sollicitations du « faux mérite »? Nous voudrions en pouvoir douter, mais la candidature que l'on désirait si vivement écarter n'était-elle pas celle de la Bruyère?

III

On peut affirmer que la Bruyère ne se présenta pas à l'Académie pour y remplacer Pellisson : la candidature de Fénelon, appuyée par les amis mêmes de notre auteur, ne rencontra que deux opposants au scrutin de proposition, dans la séance du 7 mars 1693. Mais il se mit résolument sur les rangs, lorsque la mort de Bussy et celle de l'abbé de la Chambre laissèrent deux places vacantes. L'abbé Bignon, neveu de Pontchartrain, sollicitait une des deux. La Loubère, gouverneur de Phélypeaux, fut un instant l'un des candidats désignés pour la seconde; mais il se retira devant la Bruyère, et supplia ses amis de reporter sur l'auteur

. des *Caractères* les suffrages qu'ils lui desti-
naient.

Au dire du *Mercure galant*, le succès de la
Bruyère ne fut obtenu qu'à l'aide des « plus
fortes brigues qui aient jamais été faites ». Les
chansons du temps font écho. Injurieuses
pour Régnier-Desmarais, Racine et Bossuet,
qui étaient les patrons de sa candidature, elles
ne mettent pas en cause toutefois les Altesses
de la Bruyère, très indifférentes sans doute à
son ambition académique. Tout gentilhomme
qu'il fût de Monsieur le Prince, il put dire,
dans son discours de réception, en parlant de
sa nomination : « Il n'y a ni poste, ni crédit,
ni richesses, ni titres, ni autorité, ni faveur
qui aient pu vous plier à faire ce choix : je
n'ai rien de toutes ces choses, tout me manque. Un ouvrage qui a eu quelque succès par
sa singularité.... a été toute la médiation que
j'ai employée et que vous avez reçue. » Il est
toutefois une médiation dont la trace s'est
retrouvée, et qui justifie, dans une certaine
mesure, les ombrages de quelques académiciens : Pontchartrain écrivit à Renaudot une
pressante lettre de recommandation en faveur

tout à la fois de l'abbé Bignon et de la Bruyère, et, pour être le seul qu'on ait publié, ce billet n'est sans doute point le seul que le puissant contrôleur général ait écrit au sujet de cette élection. Mais si Bossuet, Racine, Boileau, Régnier-Desmarais, et enfin Pontchartrain, firent valoir ses titres et recommandèrent sa candidature, la Bruyère ne fit aucune démarche personnelle. Il le dit, et nous pouvons en croire sa parole : les basses importunités contre lesquelles Charpentier croyait devoir prémunir l'illustre Compagnie n'étaient pas à redouter d'un homme de son caractère.

Ce fut le jeudi 14 mai qu'eut lieu le double scrutin de proposition où l'Académie choisit l'abbé Bignon à la place de Bussy, et la Bruyère comme successeur de l'abbé de la Chambre. Le secrétaire perpétuel, Régnier-Desmarais, prenant plaisir à dresser le procès-verbal d'élections dont l'une était en grande partie son œuvre, le rédigea moins sommairement qu'il n'a fait tous les autres que nous avons de sa main :

« Ce jour, la Compagnie ayant été convoquée par billets pour remplir les places vacan-

tes par la mort de M. le comte de Bussy et de
M. l'abbé de la Chambre, on a commencé par
voir sur qui on jetterait les yeux pour remplir
la place de M. le comte de Bussy, et les billets
de Messieurs ayant été remis pour cet effet
entre les mains de M. l'abbé Régnier, secrétaire, et ensuite ouverts en présence de
M. Despréaux, directeur, et de M. le marquis
de Dangeau, chancelier, et de l'inspecteur tiré
au sort, M. l'abbé Bignon s'est trouvé nommé
dans la plupart des billets. Après cela, on a
procédé au premier scrutin sur son sujet; et
la plupart des boules ayant été favorables,
il a été déclaré admis à la proposition. On
a procédé ensuite de la même sorte pour la
place vacante par la mort de M. l'abbé de la
Chambre, à laquelle M. de la Bruyère s'est
trouvé nommé par la plupart des billets.
Après cela, on a distribué les boules blanches et les boules noires pour le premier
scrutin, et la plupart des boules lui ayant
été favorables, il a été pareillement admis à
la proposition. »

Quelques jours plus tard, l'Académie, aver-
tie que le Roi avait agréé son choix, achevait

cctte double élection, et la Bruyère était définitivement reçu.

La Bruyère eut dix-sept jours, au compte
de Régnier-Desmarais, vingt jours au compte
du *Mercure galant*, pour écrire sa harangue
de réception.

Elle était attendue avec une maligne curiosité. On se répétait l'épigramme suivante :

L'Académie enfin a reçu la Bruyère :
    Elle pourra s'en repentir.
Mais qu'importe? Il est bon que, pour nous divertir,
    Elle ait toujours un Furetière (1).

« Deux heures avant la réception », si l'on
en croit Boursault, « Messieurs de l'Académie
trouvèrent sur leur table » cette autre épigramme :

Quand, pour s'unir à vous, Alcipe se présente,
    Pourquoi tant crier haro ?
    Dans le nombre de quarante
    Ne faut-il pas un zéro ?

(1) C'est-à-dire, un satirique sans vergogne, qui
passerait son temps à dénigrer ses confrères et à dé-
chirer l'illustre compagnie.

IV

La séance de réception eut lieu au Louvre, le 15 juin. Ces solennités, publiques depuis 1671, attiraient déjà beaucoup d'auditeurs. Ils se rangeaient debout autour des académiciens, assis autour d'une grande table, dont l'une des extrémités était occupée par les officiers de la Compagnie, c'est-à-dire par le directeur, le chancelier, le secrétaire perpétuel, et l'autre par le récipiendaire ou par les récipiendaires, car, le 15 juin, on recevait tout à la fois Bignon et la Bruyère.

L'abbé Bignon prit le premier la parole. Il achevait sa harangue, qui joignait à la banalité du moins le mérite de la brièveté, quand l'archevêque de Paris, M. de Harlay, vint prendre séance. L'assemblée, dit le *Mercure*, avait admiré dans ce discours l'ordre et la liaison ingénieuse de chaque matière (cet ordre et cette liaison dont à l'avance on déclarait la Bruyère incapable) ; elle était charmée de l'éloquence du récipiendaire, et, ne voulant pas que l'Archevêque fût privé de l'audition d'un si beau morceau, elle pria M. Bignon d'en recommencer la lecture. M. de Harlay « joignit ses prières à l'empressement que chacun faisait paraître de jouir encore du même plaisir », et l'abbé Bignon se rendit à des instances aussi unanimes. « L'applaudissement fut encore plus fort qu'il n'avoit été la première fois »; c'est toujours le *Mercure* qui parle.

A son tour, la Bruyère se lève et lit sa harangue. Ceux des académiciens qui viennent de faire une ovation à l'abbé Bignon affectent l'ennui et se taisent, tandis que ceux que la Bruyère a loués personnellement n'osent, par un scrupule de délicatesse, exprimer trop haut une approbation qui pourrait sembler intéressée. Telle fut en somme l'attitude de la Compagnie, que le *Mercure*, heureux de retourner contre la Bruyère la phrase dédaigneuse que celui-ci lui avait lancée naguère, crut pouvoir dire que « toute l'assemblée » avait « jugé » que son discours « était directement *au-dessous de rien* ».

Ce discours mérite que nous nous y arrêtions, et, quoi qu'en dise le *Mercure*, cette harangue, sortant de la banalité, s'imposa aux contemporains.

En quelques traits, le récipiendaire fit un portrait achevé des plus illustres d'entre ses confrères.

Régnier-Desmarais fut complimenté le premier :

« L'un, aussi correct dans sa langue que s'il l'avait apprise par règles et par principes, aussi élégant dans les langues étrangères que si elles lui étaient naturelles, en quelque idiome qu'il compose, semble toujours parler celui de son pays : il a entrepris, il a fini une pénible traduction, que le plus bel esprit pourrait avouer, et que le plus pieux personnage devrait désirer d'avoir faite. »

Segrais obtint ensuite cet éloge :

« L'autre fait revivre Virgile parmi nous, transmet dans notre langue les grâces et les richesses de la latine, fait des romans qui ont une fin, en bannit le prolixe et l'incroyable, pour y substituer le vraisemblable et le naturel. »

La Fontaine fut loué plus délicatement encore ;

« Un autre, plus égal que Marot et plus poète que Voiture, a le jeu, le tour, et la naïveté de tous les deux ; il instruit en badinant, persuade aux hommes la vertu par l'organe des bêtes, élève les petits sujets jusqu'au sublime : homme unique dans son genre d'écrire, toujours original, soit qu'il invente, soit qu'il traduise, qui a été au delà de ses modèles, modèle lui-même difficile à imiter. »

Boileau était revenu à une plus juste appréciation du moraliste. Il eut sa place dans la galerie :

« Celui-ci passe Juvénal, atteint Horace, semble créer les pensées d'autrui et se rendre propre tout ce qu'il manie ; il a dans ce qu'il emprunte des autres toutes les grâces de la nouveauté et tout le mérite de l'invention. Ses vers, forts et harmonieux, faits de génie quoique travaillés avec art, pleins de traits et de poésie, seront lus encore quand la langue aura vieilli, en seront les derniers débris : on y remarque une critique sûre, judicieuse et innocente, s'il est permis du moins de dire de ce qui est mauvais qu'il est mauvais. »

Quant à Racine, il eut une mention, que

les partisans du grand Corneille ne pardon-
nèrent pas au nouvel académicien :

« Cet autre vient après un homme loué,
applaudi, admiré, dont les vers volent en tous
lieux et passent en proverbes, qui prime, qui
règne sur la scène, qui s'est emparé de tout le
théâtre. Il ne l'en dépossède pas, il est vrai ;
mais il s'y établit avec lui : le monde s'accou-
tume à en voir faire la comparaison. Quelques-
uns ne souffrent pas que Corneille, le grand
Corneille, lui soit préféré ; quelques autres,
qu'il lui soit égalé : ils en appellent à l'autre
siècle, ils attendent la fin de quelques vieillards
qui, touchés indifféremment de tout ce qui
rappelle leurs premières années, n'aiment
peut-être dans *Œdipe* que le souvenir de leur
jeunesse. »

Pour saluer Bossuet, le récipiendaire semble se recueillir, et le ton pénétré de sa phrase
respire un respect religieux :

« Que dirai-je de ce personnage qui a fait
parler si longtemps une envieuse critique et
qui l'a fait taire ; qu'on admire malgré soi, qui
accable par le grand nombre et par l'éminence
de ses talents ; orateur, historien, théologien,

philosophe; d'une rare érudition, d'une plus rare éloquence, soit dans ses entretiens, soit dans ses écrits, soit dans la chaire; un défenseur de la religion, une lumière de l'Église : parlons d'avance le langage de la postérité, un Père de l'Église : que n'est-il point? Nommez, messieurs, une vertu qui ne soit pas la sienne. »

Fénelon, qui avait été reçu peu auparavant, fut non moins délicatement louangé :

« Toucherai-je aussi votre dernier choix, si digne de vous? Quelles choses vous furent dites dans la place où je me trouve ! Je m'en souviens; et, après ce que vous avez entendu, comment osé-je parler? comment daignez-vous m'entendre? Avouons-le, on sent la force et l'ascendant de ce rare esprit, soit qu'il prêche de génie et sans préparation, soit qu'il prononce un discours étudié et oratoire, soit qu'il explique ses pensées dans la conversation : toujours maître de l'oreille et du cœur de ceux qui l'écoutent, il ne leur permet pas d'envier ni tant d'élévation, ni tant de facilité, de délicatesse, de politesse : on est assez heureux de l'entendre, de sentir ce qu'il dit, et comme il le dit; on doit être content de soi, si l'on emporte ses réflexions et si l'on en profite. Quelle grande acquisition avez-vous faite en cet homme illustre ? A qui m'associez-vous ! »

V

Ces éloges distribués, ou plutôt ces portraits peints d'un coup si large et si sûr, la Bruyère se tourne un peu dédaigneusement vers le reste, le menu fretin de la Compagnie, et leur fait l'aumône d'une rapide énumération :

« Je voudrais, messieurs, moins pressé par le temps et par les bienséances qui mettent des bornes à ce discours, pouvoir louer chacun de ceux qui composent cette Académie par des endroits encore plus marqués et par de plus vives expressions. Toutes les sortes de talents que l'on voit répandus parmi les hommes se trouvent partagés entre vous. »

Son collègue d'élection obtint ensuite une mention, où l'ironie perce, aussi bien que dans le compliment, lestement enlevé, à la mémoire de son prédécesseur, dont il loue la vertu !

« Mais avec qui daignez-vous aujourd'hui me recevoir ? Après qui vous fais-je ce public remerciement ? Il ne doit pas néanmoins, cet homme si louable et si modeste, appréhender que je le loue : si proche de moi, il aurait autant de facilité que de disposition à m'interrompre. Je vous demanderai plus volontiers : A qui me faites-vous succéder ? A un homme *qui avait de la vertu !* »

Les académiciens dédaignés se montrèrent furieux.

La Bruyère a raconté leur dépit : « Ils partirent pour la cour, dit-il, le lendemain de la prononciation de ma harangue ; ils allèrent de maisons en maisons ; ils dirent aux personnes auprès de qui ils ont accès que je leur avais balbutié la veille un discours où il n'y avait ni style ni sens commun, qui était rempli d'extravagances, et une vraie satire. Revenus à Paris, ils se cantonnèrent en divers quartiers, où ils répandirent tant de venin contre moi, s'acharnèrent si fort à diffamer cette harangue, soit dans leurs conversations, soit dans les lettres qu'ils écrivirent à leurs amis dans les provinces, en dirent tant de mal, et le persuadèrent si fortement à qui ne l'avait pas entendue, qu'ils crurent pouvoir insinuer au public, ou que les *Caractères* faits de la même main étaient mauvais, ou que, s'ils étaient bons, je n'en étais pas l'auteur, mais qu'une femme de mes amies m'avait fourni ce qu'il y avait de plus supportable. Ils prononcèrent aussi que je n'étais pas capable de faire rien de suivi, pas même la moindre préface : tant ils estimaient impraticable à un homme, même qui est dans l'habitude de penser et d'écrire ce qu'il pense, l'art de lier ses pensées et de faire des transitions.

« Ils firent plus : violant les lois de l'Académie française, qui défend aux académiciens d'écrire ou de faire écrire contre leurs confrères, ils lâchèrent sur moi deux auteurs associés à une même gazette ; ils les animèrent, non pas à publier contre moi une satire fine et ingénieuse, ouvrage trop au-dessous des uns et des autres, « facile à manier, et dont les moindres esprits se trouvent capables », mais à me dire de ces injures grossières et personnelles, si difficiles à rencontrer, si pénibles à prononcer ou à écrire, surtout à des gens à qui je veux croire qu'il reste encore quelque pudeur et quelque soin de leur réputation.

« Et en vérité je ne doute point que le public ne soit enfin étourdi et fatigué d'entendre, depuis quelques années, de vieux corbeaux croasser autour de ceux qui, d'un vol libre et d'une plume légère, se sont élevés à quelque gloire par leurs écrits. Ces oiseaux lugubres semblent, par leurs cris continuels, leur vouloir imputer le décri universel où tombent nécessairement tout ce qu'ils exposent au grand jour de l'impression ; comme si on était cause qu'ils manquent de force et d'haleine, ou qu'on dût être responsable de cette médiocrité répandue sur leurs ouvrages. S'il s'imprime un livre de mœurs assez mal digéré pour tomber de soi-même et ne pas exciter leur jalousie, ils le louent volontiers, et plus volontiers encore ils n'en parlent point ; mais s'il est tel que le monde en parle, ils l'attaquent avec furie. Prose, vers, tout est sujet à leur censure, tout est en proie à une haine implacable, qu'ils ont conçue contre ce qui ose paraître dans quelque perfection et avec les signes d'une approbation publique.

VI

Cependant, dit M. Servois, l'offense la plus grave, celle qui souleva contre la Bruyère tout un groupe bruyant d'académiciens, n'était pas dans cette inégale distribution d'éloges entre ses confrères : elle était dans la comparaison de Corneille et de Racine. Devant le frère et le neveu de Corneille, Thomas Corneille et Fontenelle, il avait mis en doute que la postérité ratifiât le jugement des contemporains immédiats du grand tragique, approuvant presque ouvertement ceux qui n'admettaient pas qu'il fût égalé à Racine : « Ils en appellent à l'autre siècle (disait-il, en se rangeant à leur avis, de ceux qui poussaient l'admiration de Racine jusqu'à se montrer exclusifs), ils attendent la fin de quelques vieillards qui, touchés indifféremment de tout ce qui rappelle leurs premières années, n'aiment peut-être dans *Œdipe* que le souvenir de leur jeunesse. » Quelle réponse à cette déclaration de Fontenelle, s'écriant dans son discours de réception à l'Académie : « Je tiens par le bonheur de ma naissance à un grand nom, qui, dans la plus noble espèce des productions de l'esprit, efface tous les autres noms ! »

Thomas Corneille et Fontenelle attaquèrent le discours avec la plus grande vivacité. On attribue au premier l'article du *Mercure*, auquel Visé collabora sans doute. Le second est à nos yeux le *Théobalde* que la Bruyère nous montre visitant la cour et la ville pour y médire de lui. *Théobalde* est le nom qu'il donne à ses ennemis de l'Académie : en 1694, *Théobalde* avait été Benserade ; en 1694, il devient Fontenelle, « le chef des mécontents », et les *Théobaldes* sont les amis de Fontenelle. Les *Théobaldes*, au surplus, ne furent pas les seuls qui décrièrent le discours de la Bruyère. « M. l'abbé Bignon... fit assez bien, et M. de la Bruyère... fit très mal, à ce que tout le monde dit », écrit Bourdelot à Nicaise. Galland n'est pas plus bienveillant.

On cherchait à susciter des colères contre la Bruyère en dehors même de la société littéraire. Il avait pris à partie les gens d'affaires, et, dans une apostrophe inattendue qu'il mêlait à l'éloge de Richelieu, leur avait reproché leurs dédains pour les lettres et les lettrés, dont il les considérait comme les plus irréconciliables ennemis. On prétendit que la Bruyère avait eu particulièrement en vue un personnage dans cette apostrophe, et un nom fut prononcé. Lequel? je ne sais. Mais si ce passage du discours et celui de la préface, écrite plus tard, qui s'y rapporte s'appliquent personnellement à quelqu'un, je n'hésite pas à dire que c'est à Gourville.

La querelle des *Théobaldes* et de la Bruyère fut portée devant l'Académie elle-même, et elle le fut par la Bruyère. Vengeurs de la gloire de Corneille, ses adversaires voulaient s'opposer à l'impression du discours et l'écarter du recueil des harangues académiques. Ils tentèrent d'obtenir de l'abbé Bignon qu'il séparât sa cause de celle de son confrère; mais l'abbé Bignon, « prié, sollicité, persécuté », résista aux instances avec une fermeté dont la Bruyère lui sut gré. L'Académie, de même, maintint les droits de la Bruyère, et la harangue fut admise dans ses archives et dans son recueil.

La Bruyère nous montre l'Académie se refusant à la suppression de son discours, et se tait sur une seconde proposition qui fut aussi, dit-on, faite à la Compagnie. C'est l'atteinte portée à la gloire de Corneille qui avait surtout ému quelques académiciens : on demanda que l'alinéa disparût du discours imprimé. Suivant les nouvellistes du temps, Racine se fâcha.

« Les mots ont été dits, les mots demeureront. »

Bossuet, ajoutent les nouvellistes, fut chargé de faire savoir à ses confrères que Racine ne paraîtrait plus à l'académie et se plaindrait au Roi, si le discours n'était pas exactement imprimé.

Il le fut, à part, en 1693, chez Coignard et Michallet et, l'année suivante, prit place dans la nouvelle édition des *Caractères*. Il y est encore, à la grande satisfaction des fins lettrés et des amateurs de fines harangues académiques.

CHAPITRE X

LES DERNIERS TEMPS

I

Les grands ont sans doute beaucoup de défauts, la Cour est fort difficile à pratiquer. La démonstration de ces deux vérités occupe deux longs et éloquents chapitres dans son livre, et pourtant, la Bruyère ne se décide, ni à quitter la cour, ni à laisser le service des grands « à qui il était ».

« Il y a dans les cours deux manières de ce

que l'on appelle congédier son monde ou se défaire des gens : se fâcher contre eux, ou faire si bien qu'ils se fâchent contre vous et s'en dégoûtent (1). »

Aucune de ces deux manières ne dégoûta la Bruyère.

Sa philosophie lui suggérait, comme à N***, des conseils qu'il ne suivit pas mieux que son héros :

« Les deux tiers de ma vie sont écoulés ; pourquoi tant m'inquiéter sur ce qui m'en reste ? La plus brillante fortune ne mérite point ni le tourment que je me donne, ni les petitesses où je me surprends, ni les humiliations ni les hontes que j'essuie. Trente années détruiront ces colosses de puissance qu'on ne voyait bien qu'à force de lever la tête ; nous disparaîtrons, moi qui suis si peu de chose, et ceux que je contemplais si avidement et de qui j'espérais toute ma grandeur. Le meilleur de tous mes biens, s'il y a des biens, c'est le repos, la retraite et un endroit qui soit son domaine. N*** a pensé cela dans

(1) Chap. viii, n° 35.

sa disgrâce, et l'a oublié dans sa prospérité (1). »

Après avoir bien médit de la cour, il s'aperçut en fin de compte qu'il y était encore mieux
qu'à la ville.

Il finira même par prendre Paris en grippe
et en aversion :

« Paris, pour l'ordinaire le singe de la cour,
ne sait pas toujours la contrefaire ; il ne l'imite
en aucune manière . dans ces dehors
agréables et caressants que quelques courtisans, et surtout les femmes, y ont naturellement pour un homme de mérite, et qui n'a
même que du mérite : elles ne s'informent ni
de ses contrats, ni de ses ancêtres ; elles le
trouvent à la cour, cela leur suffit ; elles le
souffrent, elles l'estiment ; elle ne demandent
pas s'il est venu en chaise ou à pied, s'il a
une charge, une terre, ou un équipage :
comme elles regorgent de train, de splendeur,
et de dignité, elles se délassent volontiers
avec la philosophie ou la vertu. Une femme
de ville entend-elle le bruissement d'un

____

(1) Chap. VIII, n° 66.

carrosse qui s'arrête à sa porte, elle pétille de goût et de complaisance pour quiconque est dedans, sans le connaître : mais si elle a vu de sa fenêtre un bel attelage, beaucoup de livrées, et que plusieurs rangs de clous parfaitement dorés l'aient éblouie, quelle impatience n'a-t-elle pas de voir déjà dans sa chambre le cavalier ou le magistrat ! quelle charmante réception ne lui fera-t-elle point ? ôtera-t-elle les yeux de dessus lui ? Il ne perd rien auprès d'elle ; on lui tient compte des doubles soupentes et des ressorts qui le font rouler plus mollement ; elle l'en estime davantage, elle l'en aime mieux (1) ».

II

A la Cour, notre moraliste, de plus en plus enhardi au fur et à mesure de son succès croissant, fait à l'aise ses portraits.

Aurait-il eu le loisir, à Paris, d'observer des types amusants, comme ce baron de Breteuil, lequel n'avait, dit Saint-Simon, d'autre

(1) Chap. v, n° 6.

titre pour être baron que d'être né à Mont-
pellier, pendant l'intendance de son père, M. le
Tonnelier de Breteuil ?

« Ce baron de Breteuil était lecteur du
roi (1), ce qui supposait en lui beaucoup de
belles lettres et de l'érudition. Il avait la rage
des ministres, des gens de place, des hommes
à la mode : il prétendait les connaître par le
menu et dans l'intimité ; il gagnait même
beaucoup d'argent, dit-on, en promettant sa
protection aux gens naïfs qui voulaient bien le
croire. Il fut chargé de diverses missions à
l'étranger, où il fut désavoué par son gouvernement. Mais, il avait été envoyé à Parme
et à Mantoue, pour y annoncer la naissance
du duc de Bourgogne ; cette fois, on ne le
désavoua point. Un jour, à dîner chez M. de
Pontchartrain, il se mit à parler et à décider
de la façon la plus hasardeuse. Mme de Pontchartrain voulut l'arrêter ; ce lui fut impossible. Pour en finir, elle lui dit qu'avec tout son
savoir il ne savait pas qui avait fait le *Pater*.
Le baron se met à rire et à plaisanter ; Mme de

(1) ALLAIRE, *op. cit.*, tome II, p. 451.

Pontchartrain le ramène au fait et le défie de répondre. Il se défendit comme il put, et gagna la sortie de table. Caumartin, qui voit son embarras, le suit en rentrant dans la chambre, et avec bonté lui souffle : *Moïse.* Le baron, qui ne savait plus où il en était, se trouva bien fort. Au café, il remet le *Pater* sur le tapis et triomphe. Mme de Pontchartrain alors n'eut pas de peine à le pousser à bout ; et M. de Breteuil, après lui avoir fait beaucoup de reproches sur le doute qu'elle affectait, et sur la honte qu'il avait de dire une chose si triviale, prononça magistralement que c'était Moïse qui était l'auteur du *Pater.* L'éclat de rire fut universel. Le pauvre baron confondu ne trouvait plus la porte pour sortir. Chacun lui dit son mot sur sa rare suffisance, et ce *Pater* lui fut longtemps reproché. Est-ce pour cela que la Bruyère lui a donné le nom de « Celse », c'est-à-dire du philosophe antique qui a le plus vivement attaqué la divinité de Jésus-Christ ? Tournant en dérision les faits rapportés dans les évangiles, Celse, le vrai Celse, se moquait des chrétiens, qui croyaient que Dieu lui-même était descendu du ciel pour leur apprendre à réciter l'oraison dominicale. Sous ce nom de Celse, la Bruyère décrivit le caractère de ces esprits faibles ou superficiels qui croyaient tout savoir et ne savaient pas même se taire à propos (1). »

« *Celse* est d'un rang médiocre, mais des grands le souffrent ; il n'est pas savant, il a relation avec des savants ; il a peu de mérite, mais il connaît des gens qui en ont beaucoup; il n'est pas habile, mais il a une langue qui peut servir de truchement, et des pieds qui peuvent le porter d'un lieu à un autre. C'est l'homme né pour les allées et venues, pour écouter des propositions et les rapporter, pour en faire d'office, pour aller plus loin que sa commission, et en être désavoué ; pour réconcilier des gens qui se querellent à leur première entrevue ; pour réussir dans une affaire, et en manquer mille ; pour se donner toute la gloire de la réussite, et pour détourner sur les autres la haine d'un mauvais succès. Il sait les bruits communs, les historiettes de la ville; il ne fait rien, il dit ou il écoute ce

(1) Chap. XIII, n° 2.

que les autres font ; il est nouvelliste ; il sait même le secret des familles. Il entre dans de plus hauts mystères : il vous dit pourquoi celui-ci est exilé, et pourquoi on rappelle cet autre ; il connaît le fond et les causes de la brouillerie des deux frères, et de la rupture des deux ministres. N'a-t-il pas prédit aux premiers les tristes suites de leur mésintelligence ? n'a-t-il pas dit de ceux-ci que leur union ne serait pas longue ? n'était-il pas présent à de certaines paroles qui furent dites ? n'entra-t-il pas dans une espèce de négociation ? le voulut-on croire ? fut-il écouté ? à qui parlez-vous de ces choses ? qui a eu plus de part que Celse à toutes ces intrigues de cour ? Et si cela n'était ainsi, s'il ne l'avait du moins ou rêvé ou imaginé, songerait-il à vous le faire croire ? aurait-il l'air important et mystérieux d'un homme revenu d'une ambassade ? » (1).

A la cour aussi, la Bruyère trouvait moyen de démasquer les importants qui lui cherchaient noise. Tel ce Charpentier, le directeur

(1) Chap. 11, n° 39.

de l'Académie, qui avait entravé son élection
et dont il fait le portrait suivant :

« *Arrias* a tout lu, a tout vu, il veut le persuader ainsi ; c'est un homme universel, et il
se donne pour tel : il aime mieux mentir que
de se taire ou de paraître ignorer quelque
chose. On parle à la table d'un grand d'une
cour du Nord : il prend la parole, et l'ôte à
ceux qui allaient dire ce qu'ils en savent ; il
s'oriente dans cette région lointaine comme
s'il en était originaire ; il discourt des mœurs
de cette cour, des femmes du pays, de ses lois
et de ses coutumes ; il récite des historiettes
qui y sont arrivées, il les trouve plaisantes, et
il en rit le premier jusqu'à éclater. Quelqu'un
se hasarde de le contredire, et lui prouve nettement qu'il dit des choses qui ne sont pas
vraies. Arrias ne se trouble point, prend feu
au contraire contre l'interrupteur : « Je
« n'avance, lui dit-il, je ne raconte rien que je
« ne sache d'original : je l'ai appris de *Sethon*,
« ambassadeur de France dans cette cour,
« revenu à Paris depuis quelques jours, que je
« connais familièrement, que j'ai fort interrogé
« et qui ne m'a caché aucune circonstance. » Il

reprenait le fil de sa narration avec plus de confiance qu'il ne l'avait commencée, lorsque l'un des conviés lui dit : « C'est Sethon à qui « vous parlez, lui-même, et qui arrive de son « ambassade » (1).

Les esprits fins d'ailleurs se groupaient volontiers autour de lui et lui faisaient cortège, comme le célèbre chirurgien Fagon, dont il a servi les colères contre les charlatans empiriques, si en faveur à ce moment-là :

« *Irène* se transporte à grands frais en Epidaure, voit Esculape dans son temple, et le consulte sur tous ses maux. D'abord elle se plaint qu'elle est lasse et recrue de fatigue ; et le dieu prononce que cela lui arrive par la longueur du chemin qu'elle vient de faire. Elle dit qu'elle est le soir sans appétit ; l'oracle lui ordonne de dîner peu. Elle ajoute qu'elle est sujette à des insomnies ; et il lui prescrit de n'être au lit que pendant la nuit. Elle lui demande pourquoi elle devient pesante, et quel remède ; l'oracle répond qu'elle doit se lever avant midi, et quelquefois

(1) Chap. v, n° 9.

se servir de ses jambes pour marcher. Elle lui déclare que le vin lui est nuisible : l'oracle lui dit de boire de l'eau ; qu'elle a des indigestions : et il ajoute qu'elle fasse diète. « Ma vue s'affaiblit, dit Irène. — Prenez des lunettes, dit Esculape. — Je m'affaiblis moi-même, continue-t-elle, et je ne suis ni si forte ni si saine que j'ai été. — C'est, dit le dieu, que vous vieillissez. — Mais quel moyen de guérir de cette langueur ? — Le plus court, Irène, c'est de mourir, comme ont fait votre mère et votre aïeule. — Fils d'Apollon, s'écrie Irène, quel conseil me donnez-vous ? Est-ce là toute cette science que les hommes publient, et qui vous fait révérer de toute la terre ? Que m'apprenez-vous de rare et de mystérieux ? et ne savais-je pas tous ces remèdes que vous m'enseignez ? — Que n'en usiez-vous donc, répond le dieu, sans venir me chercher de si loin, et abréger vos jours par un long voyage (1) ? »

(1) Chap. XIII, n° 39.

III

Ce n'est pas cependant qu'il eût toutes ses aises à la cour.

Lui-même nous a décrit le logement qu'il y occupait.

C'est dans une lettre qu'il adressait à Phélypeaux, le 16 juillet 1695 :

« Avant-hier, Monseigneur, sur les sept heures du soir, les plombs de la gouttière qui est sous l'appui de ma fenêtre se trouvèrent encore si échauffés du soleil qui avait brillé tout le jour, que j'y fis cuire un gâteau, galette, fouée ou fouace, que je trouvai excellente.... »

Pénétrons dans l'appartement, où notre philosophe sous les toits attend sa fin.

Les pièces n'étaient ni vastes ni nombreuses. C'étaient des mansardes, au nombre de trois, savoir : une chambre avec une fenêtre au midi sur les plombs de la gouttière en question, un cabinet et une garde-robe.

Dans la chambre, un lit à hauts piliers, un

petit mobilier de toilette, une garniture de foyer, un fauteuil en noyer garni de paille, trois fauteuils dits de commodité dont deux couverts de serge verte et l'autre de tapisserie. C'est là qu'il dormait la nuit et recevait le jour. Pour seul ornement, un portrait de Bossuet.

Le cabinet à côté lui servait de bureau. C'est là qu'il écrivit les *Caractères*. le *Discours à MM. de l'Académie*, la *Préface* ou défense de ce discours, et traça les premières ébauches des *Dialogues sur le quiétisme* demeurés à l'état de projet. On y voyait une table en bois de chêne et de sapin avec tiroir fermant à clé couverte d'un tapis vert, un pupitre à lire monté sur son pied, trois chaises en bois de noyer, une petite cassette de cuir noir à plaques de cuivre, la bibliothèque composée de 145 volumes, trois cartes de géographie.

Dans la garde-robe, peu de linge, le manteau rouge de gentilhomme de M. le Duc, puis une guitare dans son étui, ce souvenir mélancolique dont il a parlé dans son livre (1).

(1) Chap. XII, n° 56.

IV

On mourait de bonne heure, dans la famille, vers cinquante ans.

« Nous n'avons pas trop de toute notre santé, de toutes nos forces et de tout notre esprit pour penser aux hommes ou au plus petit intérêt : il semble au contraire que la bienséance et la coutume exigent de nous que nous ne pensions à Dieu que dans un état où il ne reste en nous qu'autant de raison qu'il faut pour ne pas dire qu'il n'y en a plus (1). »

Chrétien convaincu, il avait d'autres pensées.

Les morts subites de La Feuillade, de Louvois, de Seignelay, etc., le faisaient réfléchir.

« Un grand croit s'évanouir, et il meurt ; un autre grand périt insensiblement, et perd chaque jour quelque chose de soi-même avant qu'il soit éteint : formidables leçons, mais inutiles ! Des circonstances si marquées et si sensiblement opposées ne se relèvent point et

(1) Chap. xvi, n° 17.

ne touchent personne : les hommes n'y ont pas plus d'attention qu'à une fleur qui se fane ou à une feuille qui tombe ; ils envient les places qui demeurent vacantes, ou ils s'informent si elles sont remplies, et par qui (1). »

Il songeait sérieusement à son éternité, ne voulait pas commencer à s'en occuper quand il faudra mourir, comme les vieillards dont il déplore la folie :

« La vie est un sommeil. Les vieillards sont ceux dont le sommeil a été plus long : ils ne commencent à se réveiller que quand il faut mourir. S'ils repassent alors sur tout le cours de leurs années, ils ne trouvent souvent ni vertus, ni actions louables qui les distinguent les unes des autres : ils confondent leurs différents âges, ils n'y voient rien qui marque assez pour mesurer le temps qu'ils ont vécu. Ils ont eu un songe confus, uniforme, et sans aucune suite : ils sentent néanmoins, comme ceux qui s'éveillent, qu'ils ont dormi longtemps » (2).

(1) Chap. xvi, n° 17.
(2) Chap. xi, n° 47.

V

Le 13 mars 1696 (1), l'abbé Bossuet, neveu de l'évêque de Meaux, et l'ancien précepteur de ce neveu, l'abbé Phélipeaux, avaient quitté l'évêché de Meaux pour se rendre à Rome, où ils devaient bientôt voir s'engager, au sujet du quiétisme, des négociations auxquelles ils se mêlèrent avec la plus vive ardeur. La Bruyère ne leur avait pas fait confidence de son travail, dont il leur ménageait la surprise. Le 8 mai, ses *Dialogues* étaient assez avancés pour qu'il en fît une lecture à Antoine Bossuet, frère de l'évêque de Meaux ; mais, si peu de temps après, dans la lettre même où il devait parler à son fils de ces *Dialogues*, Antoine Bossuet avait la douleur de lui annoncer la mort de la Bruyère. Il

(1) SERVOIS, *op. cit.*, p. CLXI. On y lit que la Bruyère entreprit de faire contre les mystiques, sous une forme différente, ce que Pascal avait fait contre les Jésuites, et il écrivit les *Dialogues* qu'il devait laisser inachevés, et exposés aux mutilations et aux arrangements d'un collaborateur posthume.

succomba, dans la nuit du 10 au 11 mai, à une attaque d'apoplexie. C'est dans la lettre d'Antoine Bossuet qu'il faut chercher le récit le plus fidèle des derniers moments de l'auteur des *Caractères*.

« …. Je viens à regret, écrit-il de Paris le 21 mai, à la triste nouvelle de la mort du pauvre M. de la Bruyère, que nous perdîmes, le jeudi dix de ce mois, par une apoplexie, en deux ou trois heures, à Versailles. J'avais soupé avec lui le mardi huit ; il était gai et ne s'était jamais mieux porté. Le mercredi, et le jeudi même, jusqu'à neuf heures du soir, se passèrent en visites et en promenades, sans aucun pressentiment ; il soupa avec appétit, et, tout d'un coup, il perdit la parole, et sa bouche se tourna. M. Félix, M. Fagon, et toute la médecine de la cour vint à son secours. Il montrait sa tête, comme le siège de son mal. Il eut quelque connaissance. Saignée, émétique, lavement de tabac, rien n'y fit. Il fut assisté, jusqu'à la fin, de M. Gaïon, que M. Fagon y laissa, et d'un aumônier de Monsieur le Prince. Il m'avait fait boire à votre santé, deux jours auparavant. Il m'avait

lu des dialogues qu'il avait faits sur le quiétisme, non pas à l'imitation des *Lettres pro-
vinciales* (car il était toujours original), mais
des dialogues de sa façon ; il disait que vous
seriez bien étonné quand vous les verriez à
Rome. Enfin il parlait toujours de cœur. C'est
une perte pour nous tous; nous le regrettons
sensiblement » (1).

Comme il arrivait souvent au dix-septième
siècle en pareil cas, la mort « si prompte, si

(1) L'abbé d'Olivet a recueilli, sur la mort de la
Bruyère, des détails qui ne concordent pas avec ceux
que donne Antoine Bossuet : « Quatre jours auparavant, il étoit à Paris dans une compagnie de gens qui
me l'ont conté, où tout à coup il s'aperçut qu'il deve-
noit sourd, mais absolument sourd. Point de douleur
cependant. Il s'en retourna à Versailles, où il avoit
son logement à l'hôtel de Condé ; et une apoplexie
d'un quart d'heure l'emporta. » *(Histoire de l'Académie*, tome II, p. 3a1 et 3a2.) Voici en quels termes
peu bienveillants le *Mercure galant* annonça la mort
de la Bruyère, dans son numéro de mai (p. 3o9) :
« Il me reste à vous dire qu'il vaque une place à
l'Académie française par la mort de M. de la Bruyère,
si connu par son livre des *Caractères de Théophraste*.
Il avait soupé avec un appétit extraordinaire, et
presque aussitôt il tomba en apoplexie. Il n'eut plus
de connaissance, et mourut à deux heures après mi-
nuit. »

surprenante » de la Bruyère (ce sont les expressions de son successeur à l'Académie (1), fit naître quelques soupçons de poison ; mais ils ne méritaient aucune créance. Laissons aux médecins le soin d'examiner si le traitement qu'on lui fit subir, au sortir d'un repas où l'on avait remarqué son appétit, ne dut pas rendre mortelle l'attaque dont il était frappé.

La Bruyère fut inhumé à Versailles le 12 mai, dans la vieille église de la paroisse Notre-Dame, c'est-à-dire dans l'église Saint-Julien, qui a été démolie en 1797.

(1) L'abbé Fleury.

TABLE DES MATIÈRES

Lyon. — Imprimerie Emmanuel Vitte, rue Condé, 3o.

BIBLIOTHÈQUE VARIÉE (1re série)

Beaux volumes in-8 de 400 à 500 pages ; prix : 3 fr. 50

Une reliure spéciale, dite d'amateur, dos et coins percaline, plats papier glacé, se paie en sus 1 franc par volume.

ALIMONDA (S. E. le cardinal). **De l'Aube au coucher du soleil**, récits apologétiques, traduits, avec l'approbation de l'auteur, par l'abbé Joseph MAILLAND, docteur en théologie. 3ᵉ édition. In-8 de 512 p.

AUBINEAU (Léon). **Gens d'église**, portraits et histoires. 2 vol. in-8 de 818 p.

— **Vie de la vénérable mère Emilie de Rodat**, fondatrice des Religieuses de la Sainte-Famille de Villefranche-de-Rouergue. 6ᵉ édit. In-8 de 510 p.

BIRÉ (Edmond). **Portraits littéraires.** — *Prosper Mérimée. — Edmond About. — Lamartine. — Paul Féval. — Souvenirs d'un bourgeois de Paris. — Un grand seigneur libéral. — Cuvillier-Fleury. — Les Bourgeois d'autrefois.* 2ᵉ édition. In-8 de VIII-410 p.

Causeries littéraires. — *Chateaubriand. — Berryer. — H. Taine et le prince Napoléon. — Michelet. — Le duc de Broglie. — Albert Duruy. — D. Nisard. — Armand de Pontmartin. — Camille Doucet. — Alfred de Courcy. — Edmond de Goncourt.* 2ᵉ édition. In-8 de 416 p.

— **Portraits historiques et littéraires** — *Joseph de Maistre. — L'Académie française et le Barreau. — Mirabeau. — Napoléon et Alexandre Iᵉʳ. — Mgr de Salamon. — Changarnier. Mᵐᵉ de Chateaubriand. — Mᵐᵉ de Lamartine. — Maurice Albert. — Léon Aubineau. — Victor Hugo. — Le général de Marbot,* etc. In-8 de 400 p.

CANET (abbé), docteur en philosophie et ès lettres de la Faculté de Louvain. **La Liberté de conscience**, sa nature, son origine, son histoire, et sa pratique dans nos sociétés contemporaines, d'après l'Encyclique de S. S. Léon XIII. In-8 de 432 p.

CHAUMONT (abbé Louis). **Histoire de M. Agut**, prêtre, chevalier de Saint-Pierre, fondateur de l'hospice de la Providence à Mâcon, et de la congrégation des Sœurs du Saint-Sacrement. In-8 de XXIV-464 p.

Histoire populaire de Bourgogne, les faits, les institutions. 3ᵉ édition, revue et augmentée, précédée d'une lettre de Mgr PERRAUD, évêque d'Autun, membre de l'Académie française. In-8 de 424 p.

CONDAMIN (abbé James), docteur en théologie, docteur ès lettres, professeur à la Faculté catholique des lettres de Lyon. **La Vie et les Œuvres de Victor de Laprade**, avec une lettre de François COPPÉE, de l'Académie française. In-8 de XX-452 p..

DÉCHELETTE (Mgr J.), vicaire général de Lyon. **Vie du cardinal Caverot**, archevêque de Lyon. 2ᵉ édition, in-8 de 428 p.

DUNAND (abbé Ph.-M.), ancien aumônier du Lycée de Toulouse, chanoine honoraire. **Christianisme et liberté**, introduction à l'étude de la foi chrétienne. 2 v. in-8 de 970 p.

Huit (Charles), professeur honoraire de l'Institut catholique de Paris, lauréat de l'Académie. **La Vie et les Œuvres de Frédéric Ozanam**, avec une lettre de Mgr l'évêque d'Autun, de l'Académie française. 2e édition. In-8 de xiv-392 p.

Joyau (Rév. Père Fr. Charles-Anatole), des frères prêcheurs. **Saint Pie V**, Pape du Rosaire. In-8 de xiv-398 p., enrichi de 10 gravures.

— **Sainte Catherine de Sienne**, patronne secondaire de Rome, modèle de dévouement à l'Eglise, ouvrage dédié aux jeunes filles chrétiennes. In-8 de xii-397 p., 11 gravures.

— **Saint Thomas d'Aquin**, patron des Ecoles catholiques, ouvrage dédié à la jeunesse. 4e édit. In-8 de xx-400 p., 10 gravures.

Maistre (Joseph de). **Les Soirées de Saint-Pétersbourg**, d'après l'édition *ne varietur* de ses œuvres. 2 vol. in-8 de 800 p.

— **Lettres choisies de Joseph de Maistre**, 2e édition. In-8 de 396 p.

Monfat (R. P. A.), de la Société de Marie. **Les Samoa** ou Archipel des Navigateurs, étude historique et religieuse. In-8 de xvi-414 p., 4 gravures et 1 carte.

— Le Missionnaire des Samoa, **Mgr Louis Elloy**, de la Société de Marie, évêque titulaire de Tipasa, vicaire apostolique des Navigateurs et de l'Océanie centrale. In-8 de 462 p., 2 gravures, 1 carte.

— **Dix ans en Mélanésie**, étude historique et religieuse. In-8 de 371 p., 2 portraits, 1 carte.

Nicolet (R. P.). **Vie du Bienheureux Pierre-Louis-Marie Chanel**, prêtre de la Société de Marie et premier martyr d'Océanie. 4e édition. In-8 de 567 p.

Perrigaud (abbé). **Le baptême de la France**, tableau historique du mouvement social et religieux dans les Gaules au ve siècle. 2e édition. In-8 de xii-384 p.

Piacentini (Arthur). **Mgr Ridel**, évêque de Philippopolis, vicaire de Corée, d'après sa correspondance. In-8 de 382 p., 1 portrait, 1 carte.

Tholin (Georges), archiviste du département de Lot-et-Garonne. **Impressions, études et souvenirs.** *Le Carnet d'un franc-tireur. — Italie. — Algérie. — Les Animaux travestis. — Les Nids d'oiseaux. — Vieux chemins, vieux moulins. — Excursions d'un naturaliste.* In-8 de 396 p.

Vachet (abbé), chanoine d'Alger, chevalier du Saint-Sépulcre. **Pèlerins et Touristes,** voyage en Orient accompli par trois missionnaires de la maison des Chartreux de Lyon. 2 vol. in-8 de 794 p.

Valson (C.-A.), doyen de la Faculté catholique des Sciences de Lyon. **La Vie et les travaux d'André-Marie Ampère.** In-8 de 403 p.

Vaudon (Jean). **Etudes littéraires sur le XIXe siècle**, avec une introduction de Léon Gautier, membre de l'Institut. 2e édition. In-8 de xvii-378 p.

Vie (la) **du R. P. Lacordaire**, dédiée à la jeunesse française, par L. M. 2e édition. In-8 de 420 p.

9 782329 290249